CONSILIA · Lehrerkommentare

Herausgegeben von Hans-Joachim Glücklich

Heft 5

Gerhard Fink / Karl-Heinz Niemann

Ovids „Ars amatoria“ im Unterricht

2., durchgesehene Auflage

V&R

Vandenhoeck & Ruprecht in Göttingen

ISBN 3-525-25635-3

2., durchgesehene Auflage 1997

Printed in Germany. Druck: Hubert & Co., Göttingen.

Inhaltsverzeichnis

I. Die „Ars amatoria"-Lektüre im Lateinunterricht

1. Warum ist die „Ars amatoria" als Schullektüre empfehlenswert?

Während Ovid mit seinen „Metamorphosen" — wie auch mit Auszügen aus den „Fasten" und „Tristien" — seit jeher einen festen Platz im Lektürekanon der Schule behauptet, hat seine *Ars amatoria* im Lateinunterricht bisher kaum eine Rolle gespielt, ja sie ist geradezu gemieden worden. Der Grund dafür war neben dem Titel, der falsche Erwartungen wecken kann, die Offenheit, mit der Ovid Bereiche behandelt, die bis in unsere Zeit hinein einem Tabu unterlagen. Das Ergebnis mußte ein sehr einseitiges Bild vom literarischen Können und von der Person Ovids sein; denn zu Beginn seiner Selbstbiographie (*Tristien* 4, 10,1) hebt er als charakteristisches Kennzeichen seiner literarischen Tätigkeit gerade den *tenerorum lusor amorum* hervor. Zum anderen blieb eine besonders günstige Möglichkeit ungenutzt, Schülern einen Einblick in zwei literarische Genera zu geben, in denen die römische Literatur durchaus Eigenständiges und Bemerkenswertes zu bieten hat. Denn die Genera „Lehrgedicht" und „Liebeselegie", die Ovid in der *Ars amatoria* kunstvoll miteinander verbunden hat, lernten die Schüler nur gelegentlich durch eine Begegnung mit Lukrez' *De rerum natura* oder eine Tibull- bzw. Properzauswahl kennen[1]; alle drei Autoren sind aber für Schüler nicht unbedingt leicht zugänglich, so daß sie allzu oft in der Schule auch überhaupt nicht zu Wort kamen.

Heute hat sich die Situation in Schule und Gesellschaft geändert: Die Schüler haben zum einen eindimensional biologisch ausgerichtete, naturwissenschaftlich nüchtern, bisweilen „trostlos" formulierte Fachtermini eines früh einsetzenden Sexualkundeunterrichts im Ohr. Zum anderen lachen ihnen von jedem Zeitungskiosk zahlreiche Erzeugnisse der Trivialliteratur oder Subkultur zum Thema „Liebeskunst" entgegen. So kann eine *Ars amatoria*-Lektüre heute neben der willkommenen Erweiterung literarhistorischer Kenntnisse eine wichtige kontrastive Bildungsfunktion erfüllen. Denn während moderne Ratgeber scheinbar gleicher Thematik sich weitgehend auf das Gebiet der Sexualität beschränken und es in aller Breite abhandeln, nimmt Ovid das unerschöpfliche Thema Liebe zum Anlaß, seinen Lesern in farbiger, psychologisch einfühlsamer Darstellung die ganze Vielfalt menschlichen Verhaltens und der dabei wirksamen Kräfte vorzuführen. Das spricht Jugendliche ohne Zweifel an, zumal sie sich gerade zu dem Zeitpunkt, wenn die *Ars amatoria*-Lektüre sprachlich bewältigt werden kann, sehr intensiv mit Auswahl, Zuwendung und Reaktionen möglicher Partner bzw. Partnerinnen auseinandersetzen.

---

1 Ein aussagekräftiger Beleg für diesen Befund können „Lesebücher lateinischer Literatur" sein: L. Voit/H. Bengl, Römisches Erbe, München 1958: von 23 Seiten Ovidlektüre 1 Seite Liebesdichtung, 5 1/2 Seiten Lukrez und — eine beachtliche Ausnahme — 15 Seiten Tibull/Properz; H. Schmeken, Orbis Romanus, Paderborn 1971, enthält von Ovid nur „Metamorphosen" und „Tristien", Lukrez und Tibull/Properz hingegen gar nicht; A. D. Leeman/H. Wimmer, Romanitas, Frankfurt 1982, enthält 1/2 Seite „Ars amatoria", 5 Seiten Lukrez- und 1 1/2 Seiten Properzlektüre.

So scheinen motivationspsychologische Voraussetzungen, fachliche, didaktische und erzieherische Zielsetzungen bei der *Ars amatoria*-Lektüre in besonders günstiger Weise zusammenzufließen und sie für den Unterricht zu empfehlen:

- Zu einer Thematik, die Jugendliche von einer bestimmten Entwicklungsstufe an naturgemäß beschäftigt, werden die feinsinnigen und spritzig formulierten Beobachtungen, Gedanken, Meinungen eines sehr lebendigen antiken Autors angeboten.
- Sie zeigen den Schülern römische junge Leute in alltäglichen Situationen des gesellschaftlichen Lebens — im Zirkus, beim Triumphzug, beim Gastmahl — und bei gewohnten Tätigkeiten — Gespräch, Briefeschreiben, Körper- und Schönheitspflege. Auf diese Weise lernen die Schüler wie von selbst viele römische Lebensgewohnheiten kennen, finden dabei Verwunderliches, das sie stutzig macht und das sie zu verstehen suchen müssen, aber auch Dinge, die mit ihren eigenen Verhaltensweisen vergleichbar sind.
- So fordern Ovids Thematik und die Umwelt, an der sie veranschaulicht wird, die Schüler zu einem Vergleich mit ihren eigenen bisherigen Erfahrungen heraus und können sie zur kritischen Reflexion über ihr eigenes Verhalten und das ihrer Partner bzw. Partnerinnen anregen, ihnen vielleicht sogar gelegentlich eigene altersbedingte Probleme bewältigen helfen. Die große zeitliche Distanz zum Werk Ovids wirkt dabei objektivierend, macht die eigene Problematik häufig bewußter oder sogar erst artikulierbar.
- Die Analyse der Form, in der der antike Autor seine Gedanken mitteilt, kann eine vielfältige Erweiterung von Fachkenntnissen bieten, die wichtige Gesamtziele des lateinischen Lektürenunterrichts betreffen, wie die Erkenntnis von textsemantischen und textsyntaktischen Strukturelementen, von rhetorischen Stilfiguren, von den metrischen Grundschemata des elegischen Distichons, von den literarischen Genera „Liebeselegie“ und „Lehrgedicht“, von poetischen und rhetorischen Arbeitstechniken und ihren jeweiligen Funktionen.
- Das Erkennen des Raffinements ovidischer Beobachtungs- und Darstellungsweise und — bei einer Reihe von Schülern vielleicht auch — die Freude daran fordern zu einem kritischen Vergleich mit zeitgenössischen Druckerzeugnissen über diese Thematik heraus und können Schüler die Unterschiede erfassen lassen.
- Schließlich kann der gesamte Erarbeitungsprozeß das bei Schülern weit verbreitete Vorurteil gegen poetische Lektüre überwinden helfen, weil sie erfahren, daß in der Dichtung auch ganz alltägliche Stoffe, zu denen sie in ihrer eigenen Erfahrungswelt Parallelen finden, in ansprechender Form behandelt werden.

So ist die Lektüre der *Ars amatoria* zumindest eine gleichwertige Alternative zur gewohnten „Metamorphosen“-Lektüre, einige Zielsetzungen aber weisen sogar deutlich über die Möglichkeiten der „Metamorphosen“-Lektüre hinaus.

2. Wann und wie kann man die „Ars amatoria" im Unterricht lesen?

2.1 Zeitpunkt

Ein aus verschiedenen Gründen geeigneter Zeitpunkt für eine *Ars amatoria*-Lektüre scheint die zweite Hälfte der Klasse 10 zu sein:

- Wenn die Lektürephase des Lateinunterrichts spätestens mit dem zweiten Halbjahr der Klasse 9 begonnen hat, haben die Schüler durch ihre Beschäftigung mit zwei bis drei Lektürethemen und eine — wenigstens kurze — Bekanntschaft mit einer anderen poetischen Lektüre zu diesem Zeitpunkt die sprachlichen und interpretatorischen Grundfähigkeiten erreicht, um die *Ars amatoria* bewältigen zu können.
- Neben ihrem Interesse für Ovids Thema besitzen sie im allgemeinen von der Klasse 10 an auch die intellektuelle Reife, um zusammen mit dem Inhalt die wesentlichen Elemente der Darstellungstechnik des Autors beobachten und reflektieren zu können.
- Durch die Möglichkeiten der Fächerwahl zu Beginn der Reformierten Oberstufe endet für eine Reihe von Schülern der Lateinunterricht mit der Klasse 10. Das bringt oft in der Schlußphase dieser Klassenstufe ein „Motivationstief" mit sich. Eine Thematik mit großem Motivationswert wie die *Ars amatoria* kann hier belebend wirken. Ansprechender Unterricht in diesem Zeitraum läßt zugleich vielleicht die eine oder andere Wahlentscheidung mehr für das Lateinische in der Oberstufe ausfallen.

In der Oberstufe ist eine *Ars amatoria*-Lektüre prinzipiell in einem Grund- oder Leistungskurs jeder Jahrgangsstufe möglich. Man wird sie nach der individuellen Gesamtplanung für den jeweiligen Oberstufenkurs dort einsetzen können

- wo poetische Lektüre mit Prosalektüre abwechseln soll,
- oder wo bei einer Abfolge mehrerer poetischer Autoren nacheinander verschiedene poetische Genera kontrastiert werden sollen,
- oder wo eine heiter und leicht dargebotene Thematik eine ernste und gedanklich schwierige ablösen soll.

2.2 Lektüreumfang und Zeitansatz

Der Umfang der Lektüre wird je nach der Zeit, die zur Verfügung steht, unterschiedlich sein. Die Auswahl unserer Textausgabe umfaßt ca. 550 Verse, wenn man die Texte 13, 18, 19, 29 unberücksichtigt läßt, für die wir eine lateinisch-deutsche Behandlung empfehlen und deshalb eine Übersetzung beigegeben haben; zählt man sie dazu, so ergeben sich ca. 670 Verse. Der Zeitansatz für den Auswahlvorschlag beträgt 40-45 Unterrichtsstunden; das bedeutet bei vier Wochenstunden 10-12, bei drei Wochenstunden 14-15 Wochen *Ars amatoria*-Lektüre; in einem Leistungskurs wird sich die Zeit ggf. entsprechend verringern.
Wird eine Kürzung des Textumfangs notwendig, so sollte man dabei folgende Gesichtspunkte berücksichtigen:

- Die Textauswahl muß die Konzeption des Werkes als Lehrgedicht deutlich werden lassen.
- Die von Ovid vorgegebene Großgliederung seines Lehrprogramms in *Reperire – Capere – Tenere* muß durchsichtig werden.
- Die Betrachtungsweise desselben „Gegenstandes“ aus unterschiedlicher Perspektive, die Ovid durch seinen „Stellungswechsel“ im 3. Buch ermöglicht, sollte angemessen berücksichtigt werden, weil sie die Fähigkeit, sich in die Gedanken des Partners zu versetzen, fördert, dadurch die Fähigkeit zur Kritik an sich selbst vergrößert und außerdem einen genauen Einblick in Ovids Arbeitstechnik ermöglicht.
- Die Grundauffassung des Dichters über die Wesensmerkmale der beiden Geschlechter und ihre Bedeutung für das Verhältnis der Partner zueinander soll erkennbar werden.

Ein Minimalprogramm, das die genannten Gesichtspunkte beachtet, könnten z. B. die Texte 1, 2, 3 (1. Teil: 1,41-50), 4, 7, 8, 9, 10, 12, 14, 15, 17, 23, 24, 26, 27, 28 sein (die zur zweisprachigen Behandlung vorgeschlagenen Texte sind auch hier nicht berücksichtigt). Der Textumfang beträgt dann ca. 350 Verse, der Zeitansatz 25-30 Unterrichtsstunden.

2.3 Lektüreverlauf und Textabfolge

Für den Lektüreverlauf lassen sich zwei verschiedene Wege empfehlen:

1. Man schließt sich der Textabfolge der Ausgabe an. Damit wird der Leserführung Ovids in allen wesentlichen Punkten entsprochen; der beabsichtigte Überraschungseffekt des 3. Buches kann von den Schülern in vollem Umfang nachempfunden werden: Ovids zahllose Ratschläge an seine Geschlechtsgenossen hatten die Leser von einem männlichen Verfasser erwartet, nicht aber den plötzlichen Adressatenwechsel und die Anweisungen an die Damen.
2. Man ändert die Textabfolge der Ausgabe und konfrontiert Ovids Ratschläge an die Herren jeweils mit den entsprechenden Anweisungen an die Damen, man stellt also Texte aus dem 3. Buch den passenden Texten aus dem 1. und 2. Buch gegenüber. Dieses Verfahren ist möglich, weil die von Ovid selbst angekündigte Großgliederung seines Lehrprogramms mit dem Ende des 2. Buches der *Ars amatoria* bereits abgeschlossen ist und die Schrittfolge *Reperire – Capere – Tenere* im 3. Buch ebenfalls als grundlegende Strategie des weiblichen Geschlechts vorausgesetzt ist, das entscheidende Gliederungsprinzip also erkennbar bleibt. Der methodische Vorteil dieses Verfahrens liegt darin, daß die Schüler durch die unmittelbare Konfrontation von Texten zu demselben Thema aus männlicher und weiblicher Sicht die wechselnde Perspektive Ovids deutlich erfassen, die dahinterstehende Grundauffassung des Dichters über das Verhältnis der Geschlechter zueinander leichter erkennen und gleichzeitig auch Ovids Arbeitstechnik einfacher durchschauen können.
   Bei diesem Verfahren könnte die Textabfolge etwa so aussehen:
   T 1, 2, 3, 4-23, 5, 6, 7-28, 8, 9, 10-24, 11-20/21, 12, 13, 14, 15-26, 16, 17-27, 18-29. Text 19 müßte dann entfallen oder mit einem entsprechenden Hin-

weis, in deutscher Fassung, vor dem ersten Text aus Buch 3 der *Ars amatoria* (T 23) besprochen werden.

2.4 Lernziele

Berücksichtigt man die Gesichtspunkte, die zur Begründung, zur Textauswahl und zum Verlauf der *Ars amatoria*-Lektüre genannt wurden, so lassen sich zusammenfassend etwa folgende Groblernziele formulieren:

Inhaltliche Lernziele

- Einblick in Einrichtungen, Bräuche und Gewohnheiten des römischen Alltagslebens,
- Kenntnis von Verhaltensnormen der römischen Gesellschaft des 1. Jahrhunderts v. Chr. und von Ovids spielerischem Umgang mit ihnen,
- Kenntnis des Gliederungsprinzips von Ovids Lehrprogramm,
- Kenntnis von Ovids Grundauffassung über Mann und Frau, Kontaktbereitschaft und Kommunikation der Geschlechter,
- Kenntnis der Selbstdarstellung Ovids als *praeceptor amoris* und ihrer Bedeutung für Form und Aussage der *Ars amatoria,*
- Kenntnis der unterschiedlichen Beobachtungs- und Darstellungsperspektiven Ovids in Buch 1-2 und Buch 3,
- Fähigkeit, sich durch Perspektivenwechsel in die Gedanken eines Partners zu versetzen und das eigene Rollenverständnis in Frage zu stellen,
- Einblick in die Wirkung der *Ars amatoria* auf Ovids Zeitgenossen und ihre Bedeutung für den Lebenslauf des Dichters,
- Fähigkeit, die *Ars amatoria*-Texte mit zum Kontrast oder zur Ergänzung herangezogenen Begleittexten aus Antike und Gegenwart kritisch zu vergleichen.

Sprachlich-literarische Lernziele

- Einblick in Form und Funktion der literarischen Gattungen „Liebeselegie" und „Lehrgedicht",
- Kenntnis einiger Topoi der Liebesdichtung,
- Einblick in die poetische Arbeitstechnik Ovids,
- Fähigkeit, elegische Distichen metrisch zu analysieren und zu lesen,
- Kenntnis stilistischer Mittel des Autors, die für die zur Lektüre ausgewählten Texte von besonderer Bedeutung sind,
- Fähigkeit, die Funktion sprachlicher und stilistischer Mittel im Textzusammenhang zu beschreiben, zu deuten und die gewonnenen Erkenntnisse für die Erschließung und Interpretation der Texte nutzbar zu machen,
- Einsicht in die Grenzen der Übersetzungsmöglichkeiten poetischer Texte.

3. Wie können Klassenarbeiten (Schulaufgaben) zur „Ars amatoria“ aussehen?

Klassenarbeiten können nur dann wirkliche Lernerfolgskontrollen im Sinne des Wortes sein, wenn ihre Aufgaben und Fragestellungen qualitativ und quantitativ den Arbeitsweisen angepaßt sind, die in der jeweiligen Lerngruppe eingeübt wurden. Diese sind aber, außer von der Person des Lehrers und der Leistungsfähigkeit der Lerngruppe, von den Weisungen der Lehrpläne abhängig, die in den einzelnen Bundesländern unterschiedlich sind. Deshalb können die folgenden Vorschläge nur als Anregungen verstanden werden; sie müssen in jedem Fall auf die betreffende Situation der Lerngruppe zugeschnitten werden.

3.1 Texte aus der „Ars amatoria“

Es ist zwar Zufall, aber — bei Licht besehen — eigentlich nicht verwunderlich, daß ein Verfasser didaktischer Poesie durch die Gestaltung seines Werkes auch für unsere didaktischen Zwecke geeignetes Material selbst anbietet. So liefert uns Ovid in seinem 3. Buch der *Ars amatoria* eine Fundgrube für Klassenarbeitstexte, weil er dort viele Themen aus den ersten beiden Büchern mit veränderter Perspektive wiederaufnimmt. Klassenarbeitstexte aus diesem Teil der *Ars amatoria* bieten dadurch folgende Vorteile:

- Die Thematik ist den Schülern vertraut.
- Häufig wiederholt sich auch das Vokabular.
- Die Gliederung der Thematik oder Ovids Gestaltungstechnik weisen oft Parallelen auf, so daß der Aufbau der Texte leichter durchschaut oder gelegentliche Abweichungen fundiert begründet werden können.
- Die Texte fordern durch den Perspektivenwechsel geradezu von selbst zu einem Vergleich mit den betreffenden Texten der ersten beiden Bücher heraus, so daß die Schüler auf ganz natürliche Weise die Fähigkeit zur „Reorganisation des Gewußten“ und zum „Transfer“ unter Beweis stellen können.

Hier zwei Textvorschläge als Beispiel:

1. T 23: a. a. 3, 417-432 (ca. 100 Wörter)

Diese Stelle kann bereits nach Text 4 als Klassenarbeit eingesetzt werden. Es ist leicht möglich, den Umfang der Übersetzung stärker zu begrenzen (z.B. 3, 417-428; Ersparnis: 25 Wörter); dann sollte jedoch der Rest der Passage in zweisprachiger Form vorgegeben werden, damit sich die Interpretationsaufgaben auf den ungekürzten Text beziehen können.
Dieser Text bietet für die Texterschließung und Interpretation den Vorteil,

- daß er durch die verschiedenen Vergleiche recht anschaulich ist,
- daß seine Gliederung leicht durchschaubar ist,
- daß mit der mehrmaligen Verwendung von Vergleichen aus dem Bereich der Natur und des Mythos zum Beweis für Ovids Thesen eine besonders charakteristische Technik des Autors zum Ausdruck kommt.

Mögliche Interpretationsfragen zu diesem und dem folgenden Text können den Arbeitsaufträgen in der Textausgabe entnommen werden.

2. T 28: a. a. 3, 749-768 (ca. 130-135 Wörter)

Diese Stelle kann nach Text 7 eingesetzt werden. Da die Passage etwas zu lang und ab Vers 763 auch nicht mehr so einfach ist, begrenzt man die Übersetzung am besten auf die Verse 749-762 (ca. 90-95 Wörter).

3.2 Texte aus anderen Werken Ovids

Eine andere günstige Möglichkeit für Klassenarbeitstexte sind Stellen aus anderen Werken Ovids, an denen Themen und Topoi der Liebesdichtung auftauchen, die den Schülern aus ihrer *Ars amatoria*-Lektüre bekannt sind. Als Beispiel dafür ein Text, der wie der Vorschlag Nr. 1 in einem Grundkurs der Jahrgangsstufe 11 ausprobiert wurde:

Amores 1, 9, 1-8; 15-20; 31-32; 41-46 (Übersetzung 1-32 = ca. 100 Wörter; 41-46 zweisprachig)

Diese Stelle kann nach Text 15 eingesetzt werden. Arbeitsaufträge für die Schüler könnten neben der Übersetzung sein:

1. Welche beiden Wortfelder sind in dem Text von entscheidender Bedeutung? Ordnen Sie die entsprechenden Begriffe aus dem Text den beiden Wortfeldern zu.
2. Fertigen Sie eine Gliederung des Textes an.
3. Fassen Sie aus Ihren Beobachtungsergebnissen zu Gliederung und Wortfeldern kurz zusammen, was der Text dem Leser verdeutlichen soll und welche Mittel der Autor dazu verwendet hat.
4. Ovid hat in seiner *Ars amatoria* einen vergleichbaren Gedankengang geäußert. Erläutern Sie den inhaltlichen Zusammenhang und die Funktion des Gedankengangs in der *Ars amatoria.*

Außerdem eignen sich die beiden ersten Verse gut für eine metrische Analyse, weil sie durchgehend das reine daktylische Grundschema aufweisen und deshalb von Schülern leicht analysiert werden können.

II. Interpretationen

T 1: Proömium (1,1-30)

Gliederung:

1- 2: Für den Fall, daß ...

Aufforderung an den in der *ars amandi* womöglich noch unerfahrenen Leser, sich durch das Gedicht belehren zu lassen und danach zu handeln.

3- 8: Kunst kommt von Können

Der Dichter legitimiert sich als *artifex amandi:*

- 3- 4: Mit Hilfe von *ars* bezwingt der Mensch ungebändigte Naturkräfte: als Steuermann die des Wassers, als Wagenlenker die des Pferdes — und auch in der Liebe ist *ars* vonnöten.
- 5- 6: Mythologische Exempla als Beweis: Tiphys, Automedon.
- 7- 8: Ovid als von Venus berufener *artifex Amori praefectus.*

9-24: Des Widerspenstigen Zähmung

Amor ist zwar ein schwieriger Zögling, doch der Dichter ist zuversichtlich, ihn bändigen zu können:

- 9-10: Als Kind ist Amor lenkbar, trotz seine Wildheit.
- 11-18: Mythologische Exempla als Beweise (Achill/Chiron).
- 19-20: Auch Stiere und stolze Pferde lassen sich bändigen.
- 21-24: Amors heftige Gegenwehr steigert die Fähigkeiten des Dichters, ihn für empfangene Wunden zu strafen.

25-29: Übung macht den Meister

Der Dichter hat Amor kennengelernt (23-24!); daher steht hinter seinem Werk

- 25-28: nicht göttliche Inspiration, wie etwa bei Hesiod,
- 29: sondern Erfahrung *(usus)* und Sachkenntnis *(vates peritus).*

30: Göttin, steh mir bei!

Ovid beteuert seine Zuverlässigkeit und schließt mit einem Anruf der Venus.

Interpretation:

Bereits die Fülle der mythologischen Anspielungen zeigt, daß Ovid mit der *Ars amatoria* nichts weniger vorlegt als einen platten Ratgeber in Sachen Sex: Hier tritt ein gebildeter Dichter, ein *poeta doctus* wie Catull, vor ein ebenfalls gebildetes Publikum — und gibt augenzwinkernd, mit subtilem ironischen understatement zu, daß *in hoc populo* die Zahl derer, die in der Kunst der Liebe noch Belehrung nötig haben, mutmaßlich recht klein ist. *Hic populus* — das läßt sich zunächst als die menschenwimmelnde Großstadt Rom auffassen, schließt zivilisatorische Errungenschaften ein. Eine *ars amandi* scheint hier ebensowenig nötig zu sein wie im Paris des 19. Jahrhunderts. Rom ist schließlich die Stadt der Venus *(a. a.* 1, 60: *mater in Aeneae constitit urbe sui),* der *Aeneadum genetrix* (Lukrez, *rer. nat.* 1,1).
Braucht ein Volk, das unter dem besonderen Schutz der Liebesgöttin steht, Instruktionen in Sachen Liebe?

Ohne Zweifel schlägt Ovid mit dem Kontrast zwischen *si quis* und *in hoc populo* einen Grundton an, der das ganze Werk durchzieht: Der Leser wird gewissermaßen in eine Distanz zum Gegenstand gebracht, er liest die Empfehlungen des Dichters mit dem Behagen dessen, der nicht eigentlich gemeint ist. Diese Haltung wird vom Dichter an passenden Stellen immer wieder verstärkt, z. B.

a. a. 2, 161-164:

Non ego divitibus venio praeceptor amandi,
nil opus est illi, qui dabit, arte mea.
Secum habet ingenium, qui, cum libet, ‚accipe' dicit.
Cedimus. Inventis plus placet ille meis.

(Wer es sich also leisten kann, Geschenke zu machen, erreicht damit auf jeden Fall mehr als Ovid mit seinen Tricks.)

a. a. 3, 193-196:

Quam paene admonui, ne trux caper iret in alas,
neve forent duris aspera crura pilis.
Sed non Caucaseo doceo de rupe puellas,
quaeque bibunt undas, Myse Caice, tuas.

(Höchstens Barbarinnen am Rande der Welt kennen elementare Regeln der Hygiene und Kosmetik noch nicht.)

a. a. 3, 255-258:

Turba docenda venit pulchrae turpesque puellae,
pluraque sunt semper deteriora bonis.
Formosae non artis opem praeceptaque quaerunt;
est illis sua dos, forma sine arte potens.

(Auch die hübschen Mädchen haben *ars* nicht nötig; und wenn auch die Garstigen nach Ovid in der Mehrheit sind — wer möchte sich schon dazu rechnen?)

Durch das konsequent angewandte Prinzip der Distanzierung verringert Ovid den möglichen Widerspruch des Lesers zu Aussagen, die ihm sonst peinlich oder befremdlich sein könnten, und auch die sonst jedem Ratgeber eigene Penetranz. Genau genommen liegt das, was er rät, bereits in der Bestimmung des Menschen, der ungestüme Kräfte zu beherrschen und zu lenken vermag. Das wird durch die mythologischen Exempla und die häufige Verwendung von Wörtern wie *regere, magister, artifex* unterstrichen. So beherrscht auch Zuversicht die Passagen, in denen von der „Zähmung des Widerspenstigen" die Rede ist:

Nur in Z. 9 wird die Schwierigkeit der Aufgabe betont, ist aber durch den folgenden Pentameter antithetisch gekoppelt mit dem Gedanken der Lenkbarkeit. Alle folgenden Aussagen stellen — ebenso wie die Exempla — immer den Gesichtspunkt des Erfolges in den Vordergrund. In den beiden letzten Distichen, die das Fazit ziehen, steht jeweils in den Hauptsätzen ein Gedanke der Siegesgewißheit, nur in den Gliedsätzen klingt der Schwierigkeitsgrad noch einmal an. Auch die chiastische Satzstellung dieser Zeilen (21-24) trägt dazu bei, Amors Ohnmacht deutlich vor Augen zu führen: Die Gliedsätze, die Amors Wüten beschreiben, werden umrahmt von den Hauptsätzen, in denen Ovid seinen Erfolg als sicher bezeichnet.

Auch der Gesamtaufbau des Proömiums kann unter diesem Aspekt betrachtet werden:

3- 8:	*arte regendus amor:*	Notwendigkeit der Lenkung,
9-24:	*aetas apta regi:*	Möglichkeit der Lenkung,
25-29:	*usus/peritus:*	Voraussetzungen der Lenkung.

Mit seinem Programm *arte regendus amor* verspricht der Dichter somit eine Belehrung, die dem Leser (man beachte die Doppelung *legat - lecto carmine*) die Beherrschung der Naturkraft Liebe erlaubt — und zwischen den Zeilen mag man lesen, daß man ohne *ars,* ohne die Kenntnis der richtigen Methode, von Amor beherrscht wird: Schließlich ist er wild, widerspenstig, grausam *(saevus),* schlägt Wunden und legt Brände.
Dem lausbubenhaft-unvernünftigen Toben Amors stellt der Dichter seine intellektuelle Überlegenheit entgegen; er hat in der Auseinandersetzung mit dem kindlichen Gott die Reife und Erfahrung gewonnen, die er nun weitergibt.
Die Legitimation zu seiner Beraterrolle leitet er somit aus eigenen, teilweise schmerzlichen Liebeserlebnissen ab, nicht aus — erfundener *(mentiar)* — göttlicher Eingebung:
Nicht der Gott der Dichter, Apollon, hat ihm die *ars* verliehen, nicht Vogelstimmen — ein altes Märchenmotiv! — verdankt er die Belehrung, nicht wie Hesiod sind ihm die Musen erschienen: Ovid geht zu literarischen Vorbildern auf Distanz, betont durch die herausgehobene Stellung von *usus* die Wichtigkeit seiner praktischen Erfahrung und wagt die fast paradoxe Formulierung *vates peritus,* die in *vera canam* nachklingt.
Dem Dichter im herkömmlichen Sinn wird unterstellt, daß er Erfundenes bringt. Ovid verspricht demgegenüber empirisch begründete Objektivität.
Er ironisiert den alten Topos der Inspiration, freilich nicht so vordergründig-drastisch wie Persius, und bleibt doch zugleich in enger Verbindung mit dem Göttlichen, als Erzieher Amors und indem er — statt eines Musenanrufs — Venus um Beistand bittet.

Zwischen der Göttin, ihrem Sohn und dem Dichter besteht ein teils harmonisches, teils spannungsgeladenes Verhältnis, das sich in dem folgenden Tafelbild erfassen läßt:

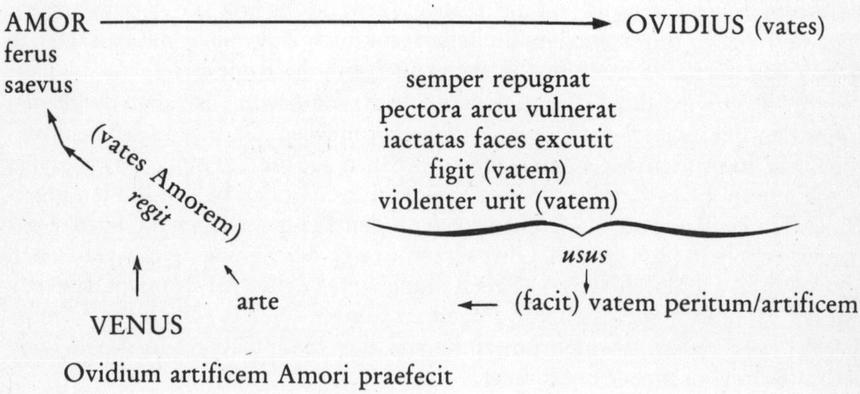

Wenn man das Tafelbild zunächst ohne Berücksichtigung der Venus entwickelt und dann zum Schluß fragt, wo die Göttin einzuordnen sei, dann bleibt aufgrund des Kontexts (Z. 3-8), der die Rolle der *ars* so stark betont, kein anderer Bezugspunkt übrig, und es wird deutlich, daß die Harmonie zwischen Ovid und Venus eben durch die *ars* gegeben ist, Venus also einen anderen Aspekt der Liebe vertritt als Amor.

In dem von Ovid mit spielerischer Ironie beschriebenen Verhältnis — man mag an eine Mutter denken, die mit ihrem bösen Buben nicht mehr fertig wird und einen Privatlehrer engagiert — ist eine direkte Einwirkung von Venus auf Amor nicht zu erkennen. Will der Dichter damit ausdrücken, daß nur der menschliche Intellekt in der Lage ist, sich die elementar-eruptiven Kräfte der Liebe zu unterwerfen? Es mag erlaubt sein, die Sichtweise von Ovids Zeitgenossen Vergil hier zu vergleichen. Auch in der *Aeneis* (1, 664 ff.) wird Amor als die ungebändigte, zügellose, den Menschen — im konkreten Fall: Dido — zerstörende Kraft gedeutet, deren sich hier sogar Venus als Mittel bedient. Venus selbst dagegen, die Beschützerin des Aeneas und der „römischen Sache", lenkt ihren Schützling mit Vernunft, so daß das Erlebnis mit Dido für ihn eine Episode bleibt. Auf jeden Fall durchzieht das ganze Proömium und speziell die so umfangreichen und bedeutsamen Vergleiche ein gewisser „Erziehungsoptimismus": Die Natur kann durch *ars* gelenkt und in gewissem Sinne „veredelt" werden, unbändige Triebe lassen sich bändigen.

Nach S. Freud gibt es drei Wege, mit dem Sexualtrieb, den er Libido nennt, fertigzuwerden: das Ausleben bzw. die Abreaktion, die Verdrängung und die Sublimierung, d. h. die „Erhöhung" des Triebs, seine Weglenkung vom körperlichen zum geistigen Bereich[2].

Wer die *Ars amatoria* unvoreingenommen liest, wird in diesem vielfach mißverstandenen, mit moralischen Verdikten belegten Werk zahlreiche Indizien dafür finden, daß in ihm die Beherrschung des Triebs und nicht sein Ausleben wesentliches Ziel ist.

Ovids Feststellung, Amor lasse sich (be-)lehren und beherrschen, steht übrigens in deutlichem Gegensatz zu dem bei den Lyrikern und auch in der Komödie verbreiteten Topos des ohnmächtigen Leidens an Amor. Dieser Topos wird von Catull in c. 85 gerade durch den Gegensatz aktiver und passiver Verbformen wirkungsvoll gestaltet:

> *Odi* et *amo.* Quare id *faciam*, fortasse requiris.
> Nescio, sed *fieri* sentio et excrucior.

Verse wie diese wecken gewiß Zweifel an Ovids Optimismus ...

Literatur:

P. Ovidius Naso, Ars amatoria, übersetzt von M. v. Albrecht, München 1979 (Nachwort).

R. M. Düring, Ovid als ‚praeceptor amoris', in: Classical Journal 53 (1958), S. 157-167.

E. Lefèvre, Noch einmal Ovid über seine Inspiration (Zu Ars amatoria I 26), in: Hermes 95 (1967), S. 126-128.

F. W. Lenz, Das Proömium von Ovids Ars amatoria, in: Maia 13 (1961), S. 131-142.

W. Suerbaum, Ovid über seine Inspiration: Zu Ars amatoria I 26, in : Hermes 93 (1965), S. 491-496.

2 Vgl. z. B. A. Wellek, Psychologie, Bern/München 1963, S. 43 f.

T 2: Der Aufbau des Lehrprogramms (1, 35-38)

Interpretation:

Wie die Disposition eines klar aufgebauten Besinnungsaufsatzes liest sich Ovids Überblick über die Themen seines Programms:

1. Finden — 2. Gewinnen — 3. Erhalten

Aber im Unterschied zur Nüchternheit der Aufzählung, wie sie einem Ratgeber wohl ansteht, beherrscht überlegte Variatio die Ovidverse:

principio - proximus (labor) - tertius (labor)

Auch die Elemente der Aufzählung sind variabel gestaltet und zum Teil chiastisch gegeneinander verschoben:

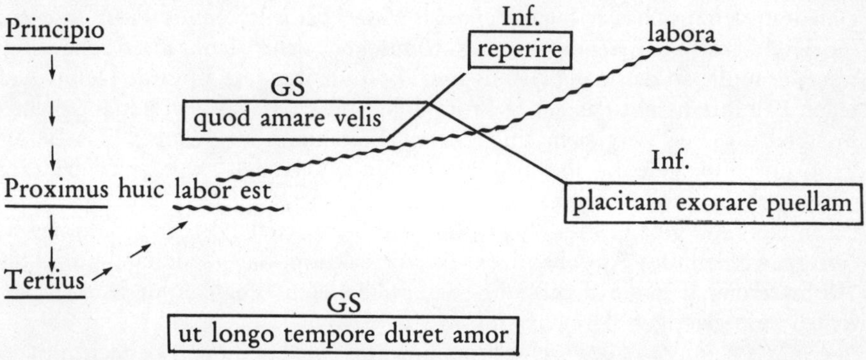

Zweimal ausgesprochen und einmal — bei *tertius* — sinngemäß zu ergänzen ist der Hinweis, daß von einem Liebhaber erhebliche Anstrengung *(labora, labor)* erwartet wird: *Amor odit inertes* (2, 229).

Das hier so unüberhörbar angeschlagene Thema *labor* steht offensichtlich im engsten Zusammenhang mit dem Bild von Rekruten *(miles, qui nunc primum in nova arma venit)* und weckt Assoziationen an eine harte Grundausbildung — ähnlich wie 2, 233-239:

Militiae species amor est, discedite, segnes:
non sunt haec timidis signa tuenda viris.
Nox et hiems longaeque viae saevique dolores
mollibus his castris et labor *omnis inest.*
Saepe feres imbrem caelesti nube solutum
frigidus et nuda saepe iacebis humo.

Bei *reperire* mag man somit an Patrouillengänge, an Stoßtruppunternehmen denken, bei denen erkundet werden muß, wo der Gegner steht, in *exorare* kann *expugnare* mitschwingen, und im dritten Punkt geht es um die Behauptung der eroberten Festung, was ebenfalls Anstrengung erfordert:

... exue fastus,
curam mansuri quisquis amoris habes (2, 241 f.)

Für den rhetorisch Geschulten klingen noch weitere Assoziationen an, vor allem bei *exorare:* es hängt von der richtigen Wahl der Worte ab, ob die Eroberung gelingt, die *ars amandi* ist — zumindest teilweise — *ars orandi:*

Non formosus erat, sed erat facundus *Ulixes* (2, 123)

Berücksichtigt man diesen Aspekt, so darf man bei *reperire* an die Inventio, das erste Arbeitsstadium beim Entwurf einer Rede, denken; *durare* erninnert an den Prozeß des Memorierens, *exorare* an die Elocutio. Es wäre freilich verfehlt, wollte man die hier gezogenen Interpretationslinien an den Schüler wie bereits gesicherte Ergebnisse weitervermitteln. Dabei könnte nur der Eindruck entstehen, aus dem kurzen Abschnitt werde zu viel herausgelesen.

Es empfiehlt sich vielmehr, auf der Grundlage gewonnener Einsichten bzw. geäußerter Vermutungen Arbeitsaufträge zu verteilen und im Verlauf der Lektüre Begriffe und Wendungen sammeln zu lassen, die sich als Variation und Verstärkung der in unserem Programmtext faßbaren Kerngedanken erweisen:

1. Liebe ist Kriegsdienst.
2. Liebe verlangt harten Einsatz.

Auch zu dem Thema

Liebeskunst ist Redekunst

lassen sich in späteren Texten (vor allem in T 10) wichtige Belegstellen finden. Die von uns bewußt sehr pointiert formulierten Gedanken Ovids können die Schüler auch zur Reflexion über ihre eigene Einstellung anregen: Sind junge Menschen heute noch bereit, alle möglichen Anstrengungen auf sich zu nehmen, um ein Mädchen zu erobern? Welche Rolle spielen dabei das gesprochene — und das geschriebene — Wort? Sind Liebesbriefe oder gar Liebesgedichte noch zeitgemäß? Ist es ferner wichtig und wünschenswert, eine Paarbindung von möglichst langer Dauer anzustreben — oder sollte man flüchtigen Kontakten den Vorzug geben?

Im Verlauf der Lektüre kann — bei wiederholten Rückblicken auf T 2 — auch das Verständnis für das geistreiche Spiel vertieft werden, das Ovid treibt, wenn er den schmachtenden Liebhaber mit dem *miles* als Träger typisch römischer *virtutes* gleichsetzt. Während Properz den Vorwurf der *nequitia* hinnimmt

– *Me sine, quem semper voluit fortuna iacere,*
hanc animam extremae reddere nequitiae (1, 6, 25 f.) —,

unterstellt Ovid dem Verliebten die gleiche Haltung wie dem Soldaten: Gehorsam, Pünktlichkeit, Disziplin, Mut und vieles mehr läßt sich aus Texten wie 2, 223 ff. beibringen.

„*Labor,* Strapazen und Ringen, *animus,* Schwung und Mut, *virtus,* kräftige männliche Standfestigkeit und Siegeskraft müssen beim *amans,* dem Liebenden ovidischer Prägung, aufs höchste vorhanden sein. Die *nequitia,* unnützes Wesen, und die *inertia,* faules Trägesein, sind auf die Seite der stumpfen Nichtliebenden abgeschoben. In dieser geistreichen Ironie steckt ein Stück Wahrheit. Freilich kommt alles auf den *amator,* den Liebhaber, die Struktur seiner Psyche, das Psychologische, Allgemeine und Gesetzliche an. Für den, der in seiner Liebe schmerzlich die Spannung zum Gemeinwesen erlebte, oder für den, der den Sinn des Lebens nicht in reiner Aktivität, sondern in der Leistung für das höhere

Wesen der *res publica* sah, mußten diese Gedanken unverständlich, provozierend oder als unverbindliches Spiel erscheinen. Auch hier hindert nichts, daß ihr Gehalt in Zeiten isolierter autonomer Wertgebiete als ‚wahr' erfahren werden kann"[3].

T 3: Vorkenntnisse (1, 41-66)

Gliederung:

41-44: Such sie dir!
- 41-42: Solange es dir noch möglich ist, wähle dir deine Liebste selbst!
- 43-44: Sie wird dir allerdings nicht in den Schoß fallen, du mußt dich schon etwas umtun!

45-50: Jagdgründe
- 45-48: Jäger, Vogelfänger und Fischer kennen die jeweils geeigneten Plätze —
- 49-50: informiere auch du dich, wo man Mädchen in größerer Zahl finden kann,

51-66: Rom — ein ideales Jagdrevier
- 51-54: Du mußt nicht mühsam in der Ferne suchen!
- 55-56: Rom bietet eine unbegrenzte Auswahl —
- 57-59: fünf Mengenvergleiche mit Klimax sollen das unterstreichen —
- 60: es ist schließlich die Stadt der Liebesgöttin.

61-66: Was immer du suchst ...
- 61-62: Schwärmst du für Mädchen, du wirst sie finden,
- 63-64: suchst du nach jungen Frauen, sie sind da —
- 65-66: und lockt dich das reifere Alter, du hast auch da eine Riesenauswahl!

Interpretation:

Versucht man, diesen Text mit den Augen des alten Cato zu lesen, dann stößt man auf ziemlich viele empörende Formulierungen:
Da ist einmal die zweifache Aufforderung, sich die Geliebte doch selbst zu suchen, also nicht auf den Vater, auf die Angehörigen zu hören, sodann die in *loris solutis ire* mitklingende Unterstellung, in der Ehe werde der Mann an die Kette gelegt, und schließlich die freche Selbstverständlichkeit, mit der Rom zur Stadt der Liebe schlechthin gemacht wird, mit der seine Mädchen und Frauen, junge und alte, zur Jagdbeute deklariert werden.
„Du brauchst nicht übers Meer zu fahren, nicht lange, ermüdende Wege zu gehen: Mag sich Paris eine Griechin, Perseus seine Andromeda bei den Indern geholt haben — du findest dein Glück vor der Haustür!" Mit diesem präludie-

3 K. Büchner in: Ovid — Die erotischen Dichtungen. Deutsche Gesamtausgabe, neu übertragen von V. v. Marnitz, mit Einführung von K. Büchner, Stuttgart 1958, S. XVII f.; Aufmerksamkeit verdienen auch S. XXII f., wo sich Büchner zur parodistischen Absicht der Stelle äußert, deren einleitendes *principio* den umständlichen Ernst des Lukrez persifliere.

renden Kontrast (Z. 51-54) betont Ovid, daß man nirgends in der Welt mit mehr Aussicht auf Erfolg auf Liebesabenteuer ausgehen kann als in Rom, und verschafft damit der Stadt eine neue, für sittenstrenge Römer gewiß nicht rühmliche Sonderstellung, weit entfernt von Ennius' *moribus antiquis res stat Romana virisque.* Wer in diesem Rom auf die Jagd geht, der wird reiche Beute machen — das suggerieren die eingeschobenen Vergleiche und die sich wiederholenden Begriffe des Suchens *(quaerere),* des Findens (das *reperire* von T 2 ist in T 3 raffiniert variiert: *ubi retia tendat* [45], *qua... moretur* [46], *quae... natentur* [48], *quo... sit* [50], *haec habet* [56], *quot habet... tot habet* [57-59], *ante oculos veniet* [62], *placebunt* [63], *plenius agmen* [66]) und des Fassens *(capere).* Die Fülle der entsprechenden Ausdrücke und die fünf Mengenvergleiche legen des weiteren die Annahme nahe, daß es in einer solchen Stadt eigentlich überhaupt keine Kunst ist, ein Mädchen zu finden; man braucht nur den Wunsch zu haben (*cupis* 63; *te iuvat* 65), dann ist die *materia amori* reichlich vorhanden.

Von den verwendeten Stilmitteln geht die gleiche suggestive Kraft aus: *Scit bene... scit bene... novit... disce* (45-49) unterstreicht den schon im Proömium wichtigen Gedanken, daß durch Erfahrung erworbene Kenntnisse den Erfolg garantieren. Die hämmernden Anaphern von *quot* (57-59) und *seu/sive* (61-65) betonen die Fülle der Chancen.

Schließlich wirken auch die zuversichtlichen Indikative des Futurs (*dabit* 55; *veniet* 62, *cogeris* 64; *erit* 66) in diese Richtung; der betonte Optimismus des Dichters soll sich auf seinen Leser übertragen.

Literatur:

Zum täglichen Leben und zur Bedeutung von Liebe und Ehe im kaiserzeitlichen Rom vgl.:

U. Kahrstedt, Kulturgeschichte der römischen Kaiserzeit, Bern ²1958.

U. E. Paoli, Das Leben im alten Rom, Bern/München ²1961.

T 4: Gelegenheiten (1, 89-100)

Gliederung:

89- 90: Ideale Jagdgründe bieten die Theater —
91- 92: sowohl für einen Flirt wie für den, der sich länger binden will.
93- 98: Denn zahlreich wie Ameisen und Bienen lockt das Theater die gepflegten Frauen an.
90-100: Neugier und das Bestreben, sich zu zeigen, lassen Zurückhaltung und Schüchternheit schwinden.

Interpretation:

In T 3 zeigte der Dichter seinen Lesern Rom als einziges großes Jagdrevier, nun, nach der „Totalaufnahme", geht er mit der Kamera sozusagen näher heran und beschreibt die spezifischen Vorzüge einzelner Bereiche.

Die Theater, so meint er, zeichnen sich durch ein besonders reichhaltiges Angebot aus, das sogar die Wunschvorstellungen des Liebhabers übertrifft (*voto tuo:* Abl. des Vergleichs). Diese Passage erinnert an T 3 *(cogeris et voti nescius esse tui)* und bezieht sich auf die verunsichernden Wirkungen, die jedes Individuum spürt, das aus einer großen Menge etwas Bestimmtes wählen möchte, was wir die Qual der Wahl nennen. Wer mit ganz bestimmten Idealvorstellungen kommt, spürt, wie diese angesichts der Vielfalt der Erscheinungen an Kontur verlieren. Das wimmelnde Durcheinander, das die beiden Vergleiche aus dem Bereich der Unzähligkeitstopoi (vgl. B 2) mit der Beschreibung des Verhaltens von Ameisen (*redit itque* 93; das Hysteron proteron unterstreicht das rasche Hin und Her) und Bienen veranschaulichen, hat ohne Zweifel etwas Verwirrendes. So, wie ein Fischschwarm es dem Hai schwer macht, ein einzelnes Opfer anzuvisieren — die Ethologen sprechen von „Konfusionseffekt" —, hat es auch der Mädchenjäger nicht leicht. Sogar Ovid kostet es einige Zeit, in der Menge das richtige Mädchen zu finden — aber „verwirrt", wie die in B 1 gebotene Übersetzung meint, ist sein Urteil nicht. Er, der Fachmann, braucht nur ein bißchen länger (*morata est copia iudicium* 98), um seine Entscheidung zu treffen.

Die mutmaßlich andersartigen Erfahrungen des „Anfängers" dienen Ovid also dazu, durch ein scheinbares Eingeständnis seine Kompetenz noch zu unterstreichen.

Verwirrende Vielzahl — das ist ein Aspekt der beiden Vergleiche, Bedürfnisbefriedigung der zweite: Wie Bienen von einer blühenden Wiese, so werden die Frauen vom Theater angelockt, und wie jene hinfliegen, um Honig zu sammeln, kommen auch die Frauen ganz zielbewußt. Das Theater bietet ihnen geistige Nahrung, es befriedigt ihre Schaulust, und es erlaubt ihnen zugleich, sich sehen zu lassen, was wiederum die Absicht, zu gefallen und Kontakte anzuknüpfen, in sich schließt. So treffen sich in diesem Punkt die Wünsche des Jägers und der Gejagten, die, wenn sie auch durch die Wahl des Neutrums (*quod ames ...* 91 f.) als *materia amori* (T 3, 49) ausgewiesen sind, ihrerseits bestimmte Vorstellungen haben.

Das Hin und Her zwischen Liebe und Flirt in den chiastisch aufgebauten Antithesen von Z. 91 f. malt vielleicht die Spannung zwischen den jeweiligen Kontaktwünschen aus:

quod ames — quod ludere possis
quod semel tangas — quod tenere velis.

Wie ausgeprägt der Wunsch, Beachtung zu finden, bei den Damen ist, verdeutlicht der ebenfalls chiastisch aufgebaute Satz

spectatum — veniunt
veniunt — spectentur ut ipsae (99)

durch die größere Länge des letzten Glieds und die Variatio in der Formulierung, die durch die Gleichartigkeit des Hauptprädikats *veniunt* noch unterstrichen wird.

Solcherart sind die Voraussetzungen günstig für das, was der letzte Vers des Abschnitts mit nüchterner Knappheit feststellt: An diesem Ort hat scheue Zurückhaltung keine Chance mehr.

Da die Selbstdarstellung Koketterie mit einschließt, vergessen die Frauen den sonst rollenbedingten *pudor* — und jedes *dammum pudoris* bedeutet einen Sieg des anderen Geschlechts.

T 5: Annäherungsversuche (1, 135-170)

Gliederung:

135-136: Ein weiteres Jagdrevier mit vielen Vorteilen: der Zirkus.

137-138: Heimlichkeiten sind hier nicht nötig —

139-142: die äußeren Umstände erlauben dir größtmögliche Nähe zu deiner Angebeteten, selbst wenn diese sie gar nicht wünschen sollte.

143-162: Ratschläge für die richtige, schrittweise Annäherung:

- 143-146: Gewinnen von Sympathien durch
  - (a) ein „bandstiftendes" Gespräch über Alltägliches,
  - (b) gespieltes Unwissen, das dem Mädchen Überlegenheit und einen nicht selbstverständlichen Informationsvorsprung suggeriert,
  - (c) Bilden einer „Kampfgemeinschaft", indem man den Favoriten des Mädchens bedingungslos unterstützt.
- 147-156: Beginn der Werbung durch
  - (a) zarte Andeutung der verfolgten Absichten: Applaus für die Venusstatuette,
  - (b) Aufmerksamkeiten, die auch körperliche Berührung erlauben und dadurch den Liebhaber bereits „belohnen".
- 157-158: Übernahme einer Beschützerrolle, „Revierverteidigung" — Anlaß: das Knie des Hintermanns, das dieser gegen den Rücken des Mädchens drückt.
- 159-162: Weitere mögliche Aufmerksamkeiten.
- 163-164: Zusammenfassung: Dies also sind die Vorteile des Zirkus ...

165-170: Herstellung einer gedanklichen Beziehung zwischen den Ereignissen in der Arena und der Entwicklung eines Liebesverhältnisses (tatsächliche Verletzungen — Liebeswunden).

Interpretation:

Die Einleitung zu diesem Abschnitt führt vom Allgemeinen zum Speziellen: Zunächst werden pauschal *multa commoda* genannt, die später einzeln dargestellt werden. Der Dichter beginnt diese Aufzählung mit dem, was im Zirkus nicht nötig ist: die sonst unter Verliebten üblichen heimlichen Winke und Zeichen kann man sich hier sparen. Ein besonders wichtiger Vorteil ist die *lex loci,* die das in so vielen Bereichen von der Konvention geforderte Berührungsverbot aufhebt[4] und die Berührung sogar gegen den Willen des Mädchens mög-

4 Wenn wir einen anderen Menschen unabsichtlich berühren, pflegen wir uns zu entschuldigen; nur in überfüllten Verkehrsmitteln, bei Massenveranstaltungen u. ä. nehmen wir körperliche Berührung mit Unbekannten hin; vgl. dazu J. Fast, Körpersprache, Reinbek 1971, besonders S. 67 ff.

lich macht. Durch den Potentialis *nolit* drückt Ovid allerdings aus, daß er diesen Unwillen nicht für das Normale hält.
Die folgenden Ratschläge zeigen den Dichter ganz als überlegenen Fachmann, der die Möglichkeiten des Ortes souverän nutzt. Entsprechend klar und direkt — Imperative der 2. Person Singular — sind seine Weisungen an den Leser. Daß die in Z. 159-162 genannten Gefälligkeiten nicht mehr so, sondern im Indikativ der reinen Feststellung formuliert sind, ist wohl mehr als nur Variatio: Hier soll die Nützlichkeit des beschriebenen Verhaltens exemplarisch verdeutlicht werden: *probatum est.* Insgesamt wird, wie bereits ein Blick auf die Gliederung zeigt, die Annäherung an das Mädchen in durchdachten Schritten beschrieben, die die äußeren Umstände *(lex loci!)* klug berücksichtigen und — wie der Vergleich mit B 2 zeigt — psychologisches Gespür verraten.
Indem der junge Mann sich anders gibt, als man von ihm erwartet, und in einer männlichen Domäne, dem Rennsport, dem Mädchen einen Informationsvorsprung zubilligt, es also als sachverständig akzeptiert, erreicht er mit hoher Wahrscheinlichkeit eine freundliche Antwort.
Der nächste Schritt verlangt zwar unter Umständen eine gewisse Selbstüberwindung — wenn nämlich das Mädchen sich für eine andere Zirkuspartei begeistert als ihr Gesprächspartner —, führt aber gewiß weiter auf der Straße des Erfolgs: Gemeinsame Sympathien verbinden!
Nun ist bereits ein solcher Grad an Vertrautheit erreicht, daß der junge Mann durch demonstrativen Beifall für das Bild der Venus seine Absichten andeuten und von den durch die Umstände bedingten, zufällig und unvermeidlich wirkenden körperlichen Berührungen zu bewußten in Form kleiner Aufmerksamkeiten übergehen kann.
Das Mädchen, das jene als „Gefangene" der *lex loci* (was durch die abbildende Wortstellung *lege puella loci* schön ausgedrückt wird) nicht abwehren konnte, wird die nunmehr willentlichen Berührungen willig dulden. Die *p*-Alliteration in Z. 155 *protinus ... pretium patiente puella* unterstreicht diesen neuen Sachverhalt ebenso wie die abbildende Wortstellung in Z. 156:

oculis crura videnda tuis:

Die normalerweise von dem langen Gewand verdeckten Beine der Angebeteten befinden sich ganz im Blickfeld des Liebhabers, und die junge Dame hat nichts dagegen. Offenkundig hatte ein solcher Blick — im Gegensatz zu heute — im alten Rom einen gewissen Seltenheitswert, der durch die verwendeten Stilmittel (Hyperbaton, *c*-Alliteration) akzentuiert sein mag.
Man kann in diesem Zusammenhang die Schüler zum Nachdenken darüber veranlassen, wieviel mehr Schwellen als heute in früherer Zeit bei einem Annäherungsversuch zu überwinden waren, und welche Wirkung ihr Vorhandensein mutmaßlich auf das erotische Empfinden und die Intensität der Beziehungsstiftung ausübte.
Schon ganz „Revierbesitzer", kann der junge Mann nun sein Mädchen gegen wirkliche oder vermeintliche Belästigung durch andere verteidigen. Was noch zu leisten ist, leistet vermutlich die besondere Form der Erregung, die bei einem so blutigen Schauspiel wie einem Gladiatorenkampf die Zuschauer erfaßt. Wenn Ovid Amor in das Kampfgeschehen eingreifen und dem, der Verwundun-

gen mit ansieht, Wunden schlagen läßt, spielt er in einer für Menschen unserer Zeit wohl peinlichen Weise mit dem verbreiteten Bild von der „Liebeswunde", zeigt aber zugleich einen tieferen Zusammenhang zwischen Schmerz und Erotik, wir er etwa auch in den Erscheinungsformen des Sadismus und des Masochismus faßbar wird.

T 6: Geistesgegenwart und Erfindungsgabe (1, 217-228)

Interpretation:

Eine neue Situation bietet neue Chancen, mit einem Mädchen ins Gespräch zu kommen: Froh gestimmte junge Leute betrachten einen Triumphzug, und selbstverständlich wird bald jemand fragen, welches die Namen der mitgeführten vornehmen Gefangenen seien und was für Städte, Gebirge und Flüsse als Modelle oder Personifikationen mitgetragen würden.

Der junge Mann, der im Zirkus mit seinem „Kindchenappell" so erfolgreich war, als er sich im Rennwesen unerfahren gab und durch das Mädchen informieren ließ, kann diesen Trick hier nicht anwenden. Wer gefragt wird und die Frage weitergibt, blamiert sich; Beachtung findet der, der Bescheid weiß.

Ebenso wie mit jeder anderen Fähigkeit und Leistung läßt sich auch mit erworbenem Sachwissen imponieren — was aber, wenn man sich keines erworben hat? Nun, es gehört zum Wesen des „Imponiergehabes", sich größer, schöner und eindrucksvoller zu machen als man normalerweise ist; ob man durch entsprechende Kleidung die Schulterpartie betont, sich durch einen Hut schmückt oder mit angeblichen Kenntnissen um sich wirft, ist einerlei: Hauptsache, man findet jemanden, der auf den Bluff hereinfällt.

Ob derartige Täuschung gelingt oder nicht, hängt von der Bestimmtheit ab, mit der man sein Scheinwissen vorbringt:

et quae nescieris, ut bene nota refer!

Auch mit fremden Wörtern und Namen läßt sich großartig imponieren, sie müssen nur an der passenden Stelle verwendet werden: *apta nomina* empfiehlt Ovid in Z. 228. Die notwendige Bestimmtheit des Auftretens drückt er durch die Tempora und Modi aus, die die Passage beherrschen: Indikativ Präsens und Futur.

Wie man geschickt mit ausländischen Eigennamen jongliert, zeigen die Verse 223-226:

Die Figur mit dem Schilfkranz, das ist der Euphrat;
der mit den blauschwarzen Haaren wird der Tigris sein.
Die Leute dort mußt du zu Armeniern machen, die Gestalt hier ist Persien,
benannt nach Perses, dem Enkel der Danae,
und das da war einmal eine Stadt im Achämenidental.

Ob die Bezeichnungen zutreffen, läßt Ovid offen; *apta* sind sie jedenfalls, sogar das zungenbrecherische Beiwort *Danaeius,* denn nach Herodot 7, 61 war Perses, der Sohn des Perseus und Enkel der Danae, Stammvater der Perser. (Als Ratgeber kann Ovid nicht gut ein Gemengsel anbieten, wie es entsteht, wenn jemand sich auf einem Gebiet versucht, auf dem er wenig Bescheid weiß: „Diomedes und Ganymedes waren zwei Brüder; ihre Schwester hieß Helena. Agamemnon hat sie geraubt und der Diana eine Hirschkuh untergeschoben ..." So entlarvt Petron [*sat.* 59, 4] die hohle Angeberei des Emporkömmlings Trimalchio, der „sein Wissen um keinen Preis verkaufen" würde [*sat.* 52, 3].) Auch die stilistische Durchformung von Z. 223-226 verdient Beachtung: Chiasmen, Hyperbata und raffinierte Variatio sorgen für ein hohes Maß an innerer Spannung:

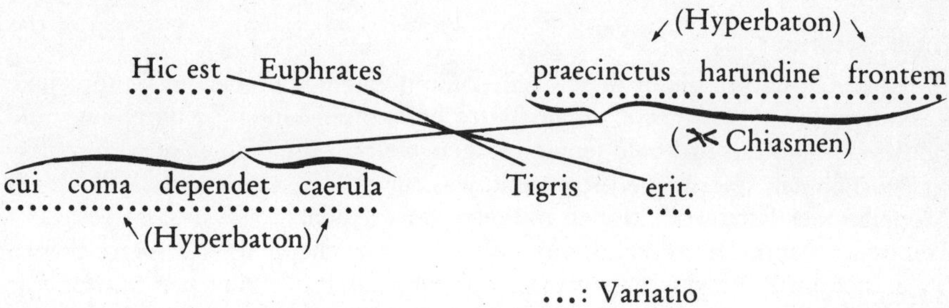

Literatur:

D. Morris, Der Menschenzoo, München/Zürich 1972, S. 167 ff.
V. Packard, Die Pyramidenkletterer, München/Zürich 1963.

T 7: Chancen und Gefahren am Abend (229-252)

Gliederung:

229-230: Angabe des Themas: Kontakte in geselliger Runde.
231-236: Bacchus und Amor — ein eigenwilliges Gespann.
237-242: Wirkungen des Weins.
243-244: Beim Wein fallen den Mädchen Eroberungen leicht, denn ...
245-246: die schwache Beleuchtung und der Alkohol trüben das Urteil der Männer.
247-248: Paris hat sein Urteil bei hellem Tageslicht gefällt —
249-250: zu später Stunde ist jedes Mädchen hübsch.
251-252: Also prüfe edle Steine, Purpurstoffe und weibliche Schönheit bei Tageslicht.

Interpretation:

Treibt der Champagner das Blut erst im Kreise,
dann gibt's ein Leben, herrlich und frei!
Artige Mädchen führst du mir leise

nach deiner Weise zum Tanze herbei.
(Mozart, Don Giovanni, Champagnerarie)

O Wein, zerstreue mir die Sorgen, die bedrücken mein Herz;
o kommt, ihr Geister sel'ger Trunkenheit, bringt mir Lachen und Scherz!
(Ambroise Thomas, Hamlet, Auftrittsarie des Hamlet)

Im Wein ist Wahrheit nur allein ...
(Refrain eines Duetts aus Lortzing, Undine)

Um zu zeigen, daß Ovids Aussagen über die Wirkungen des Weins in hohem Maße topisch sind, gibt es — neben dem Vergleich mit dem *carmen Buranum* 200 — noch eine ganze Reihe von Möglichkeiten. Für eine davon haben wir eingangs Beispiele gebracht, nämlich für eine entsprechende Sammlung von Arientexten aus Opern. Studentenlieder enthalten vergleichbare Aussagen in großer Zahl, und auf Wein- und Sektflaschen finden sich solche bisweilen sogar lateinisch: *Gaudeas cum tuis; in vino veritas* usw. Auch der Schlager bedient sich dieser Topoi:

Frauen und Wein, Frauen und Wein sind eine fröhliche Fracht; lädst du sie ein, lädst du sie ein, dann nimm dein Herz nur in acht ... oder:
Schütt' die Sorgen in ein Gläschen Wein,
deinen Kummer tu' auch mit hinein ...

Daß der Wein den Menschen „enthemmt" und ihn sich von seinen Alltagsproblemen lösen läßt, kommt bereits in dem griechischen Beinamen des Dionysos, Lyaios, und in der späteren Gleichsetzung dieses Gottes mit dem altitalischen Liber zum Ausdruck. Ovid ist dieser Aspekt offenbar wichtig, denn er unterstreicht ihn durch Wiederholungen: *cura fugit ... diluiturque ... / ... tum dolor et curae rugaque frontis abit* (Z. 238/240). Ebenso wird die Verbindung von Wein und Liebesglut zweimal hergestellt: *vina* und *calores* in 237 entfalten sich zu einer raffinierten, durch Assonanzen, ein Polyptoton und die Emphase *ignis in igne* geschmückten Paronomasie: *Venus in vinis ignis in igne fuit* (244).
Eingeleitet und vorbereitet wird der Gedankengang durch eine reizvolle Metapher, die die Wechselwirkung von Wein und Liebe veranschaulicht: Amor faßt die Hörner des Bacchus (= die Henkel des Krugs), der Wein hingegen benetzt die Flügel Cupidos und hält ihn so an seinem Platz gefangen.
Heiterkeit, Steigerung des Selbstwertgefühls *(pauper cornua sumit:* Hörner als Symbol von Kraft und Angriffslust) und Wegfall von Verstellungskünsten *(in vino veritas!)* sind weitere Wirkungen des Weins, und Ovid, der die gute, alte Zeit gern nostalgisch verklärt, läßt bei dieser letztgenannten Wirkung etwas Zeitkritik einfließen. Neben den positiven Wirkungen des Weingenusses stellt Ovid als Negativum, daß angeheiterte Männer in Gefahr geraten, irgendwelchen Mädchen zum Opfer zu fallen, über deren Schwächen Wein und Dunkelheit hinwegtäuschen. Wenn man bedenkt, daß als Beleuchtung bei einer römischen Abendeinladung Öllampen dienten, ist diese Warnung nur zu berechtigt. Das Urteil des Paris, das im hellen Sonnenschein am Berg Ida gefällt wurde, dient als Gegenbild und zugleich als eine kleine Huldigung an Venus. Danach wiederholt Ovid seine Warnung, um zum Schluß die Vorzüge des hellen Tages bei der

Prüfung von Wertvollem (daß *facies* und *corpus* in einer Reihe mit *gemmae* und *murex* stehen, mag ein Kompliment für weibliche Schönheit sein) nochmals nachdrücklich zu empfehlen.

Dieses Spiel mit Hell und Dunkel, das in der Gliederung klar zu erkennen ist, findet im Text noch ein — freilich halb verdecktes — Pendant: Daß schummriges Licht und Trunkenheit zusammenwirken und ein treffendes Urteil verhindern, ist gesagt; daß eine rechte Entscheidung am hellen Tag Nüchternheit voraussetzt, ist selbstverständlich. Ovid legt aber, auch wenn er sie nicht expressis verbis nennt, Wert auf diese Selbstverständlichkeit; jedenfalls läßt das Vorherrschen von Warnungen, die stärkere Betonung der Gefahren beim *convivium* als der Chancen diesen Schluß zu. Da der von Ovid Instruierte stets planvoll handelt und sich von seinem Intellekt leiten läßt, darf er sich nicht benebeln, sich nicht einwickeln lassen. Wie der Vergleich mit dem Bacchushymnus zeigt, kommt gerade dieser Aspekt dort nicht zum Ausdruck, wiewohl sonst hohe inhaltliche Übereinstimmung herrscht. Das Gewicht, das Ovid seiner Warnung verleihen wollte, wird im übrigen nicht allein durch die Stellung — nach den positiven Wirkungen des Weins —, sondern auch dadurch bestimmt, daß jene nur konstatierend (Indikative, 3. Person) in einer durch Anapher von *tunc/tum* betonten Aufzählung gebracht werden, während in der Warnung wieder die Imperative des Ratgebers erscheinen.

An der Nahtstelle zwischen beiden Bereichen (243-245) fällt die Antithese *illic* („dort geht es meistens so...")/*hic* („du in deinem speziellen Fall solltest dich hüten!") auf, dazu die Überschneidung der beiden Themenbereiche Wein (Anfang der Passage)/Licht (Ende der Passage), deren Zusammenwirken der Kerngedanke der Stelle war.

T 8: Überleitung (1, 263-268)

Interpretation:

Als Überleitung vom Thema *reperire* zum Thema *capere* faßt der Abschnitt bereits Behandeltes in den ersten beiden Versen kurz zusammen: Die Ortsadverbien *unde/ubi* erinnern daran, daß die Eingangsempfehlungen der *Ars amatoria* in erster Linie die Örtlichkeiten anführten, wo Mädchen zu finden sind und wo es sich lohnt — das Jagdmotiv klingt wieder an —, die Netze zu spannen. Die Aufgabe war offensichtlich nicht schwer, denn Thalia, die Muse der heiteren Dichtkunst, löste sie in munter dahinplätschernden Distichen *(imparibus rotis)*. Nun aber steht eine schwerere Aufgabe bevor, und der Meister selbst ergreift das Wort (Wechsel von der 3. zur 1. Person), nennt das Thema *(dicere molior, quas per artes capienda sit, quae tibi placuit)* und fordert in den beiden letzten Versen alle seine Leser zu angespannter Aufmerksamkeit auf.

Im Vergleich zu 1, 35-37, wo als Themen *reperire* und *exorare* genannt waren, fällt hier die mehrfache Betonung der Schwierigkeit des *capere* ins Auge: *molior* –

opus praecipuae artis. Zu Beginn des 2. Buchs (17 ff.) verfährt der Dichter ähnlich, indem er darauf verweist, daß bisher viel vom Zufall bedingt gewesen sei; ein so flatterhaftes Wesen wie Amor festzuhalten, das erst sei richtige Kunst.

Offensichtlich will er seinem Leser bei den drei Stufen seines Lehrprogramms den steigenden Schwierigkeitsgrad bewußt machen und eben dadurch dessen Einsatzbereitschaft erhöhen.

T 9: Warten auf Werbung (1, 269-346)

Gliederung:

269-270: Empfehlung: Trau dir etwas zu und sei gewiß: Jede kann man gewinnen!

271-342: „Beweisgang":

- 271-274: 1. Behauptung: *femina volet.*
  Bekräftigung durch drei Adynata aus dem Bereich der Natur.
- 275-280: 2. Behauptung: *vir male dissimulat, tectius illa cupit.*
  Bekräftigung durch ein Gedankenexperiment (was geschähe, wenn die Männer es unterließen, Frauen zu umwerben) und Beispiele aus dem Tierreich.
- 281-342: 3. Behauptung: *parcior in nobis (= viris) nec tam furiosa libido.*
  Bekräftigung durch viele mythologische Beispiele für *libido non legitima.*

343-346: Zusammenfassung und Wiederholung der Eingangsempfehlung.

Interpretation:

Als versierter Psychologe weiß Ovid, was die wichtigste Voraussetzung des Erfolgs ist: Der Glaube an den Erfolg. Also sucht er seinen Leser davon zu überzeugen, daß man jedes Mädchen erorbern kann *(cunctas posse capi)* und daß — im konkreten Fall — kaum eine nein sagen wird *(vix erit e multis, quae neget, una, tibi).* Begründet wird diese Behauptung mit der angeblichen natürlichen Veranlagung der Frau: eher schweigen im Frühling die Vögel, eher verstummt im Sommer das durchdringende Schrillen der Zikaden (die Steigerung der Lautstärke läßt auf einen entsprechenden Superlativ warten, aber Ovid verblüfft durch Variatio), eher flieht der Hund vor dem Hasen, als daß eine Frau standhaft bliebe. Die drei Adynata, die in der Umkehrung einer Naturgegebenheit gipfeln, sind als Trikolon so angeordnet, daß das Mittelstück durch Ellipse von *prius* und *taceant* das kürzeste, das letzte, auch inhaltlich wichtigste Glied das längste ist.

Was Ovid mit beeindruckendem Aufwand von Exempla aus Natur und Mythologie zu „beweisen" trachtet, ist, wie die Teiresiassage (B 1) zeigt, ein Topos, für den sich noch zahlreiche literarische Belege beibringen lassen. An Petrons „Matrone von Ephesus" (*sat.* 110-113) zeigt sich die den Frauen oft vorgeworfene *impotentia* zuerst in der Trauer, dann im Verlangen; ein krasses Beispiel von *vesana libido* bringt Apuleius, *met.* 10, 19; Boccaccio berührt das Thema wieder-

holt in seinem „Decamerone", z. B. in der 7. Geschichte des 6. und in der 7. des 8. Tages, und Mozarts Oper „Cosi fan tutte" verallgemeinert den speziellen Fall bereits im Titel: „So machen's alle". Weibliche Tugendhaftigkeit und Zurückhaltung sind demnach oft nur Täuschungsmanöver: *tectius illa cupit.*
Während bei Ovid das Verlangen des Mannes in Begriffen wie *parcus, legitimus, finis* als begrenzt und kontrolliert erscheint, lodert in den Frauen rasende *(furiosa/plus furoris/acrior)* Begierde. Deren Nähe zum Animalischen wird durch den Vergleich mit Kuh und Stute betont und mag daran erinnern, daß in den patriarchalischen Gesellschaften der Antike hin und wieder Tendenzen erkennbar werden, die Frau in die Nähe des Tieres zu rücken.
So läßt Livius (34, 2, 13) den alten Cato folgende Warnung vor weiblicher *impotentia* aussprechen: *Date frenos impotenti naturae et indomito animali et sperate ipsas modum licentiae facturas.* Die Häufung von Ausdrücken für Unbeherrschtheit und Unbeherrschbarkeit *(impotens/indomitus/licentia),* die Begriffe *frenum* (Zügel) und *modum facere* und schließlich das Wort *animal* unterstreichen mit deprimierender Deutlichkeit das eben Gesagte. Daß Ovid in der Reihe seiner mythologischen Exempla gerade die widernatürliche Neigung der Pasiphae zu einem Stier als wüste Verbindung von Maßlosigkeit und animalischem Verlangen besonders ausführlich behandelt, weist in dieselbe Richtung. Man könnte über solche Absonderlichkeiten als über Beispiele eines abstoßenden Vorurteils hinweggehen, wenn sich daraus nicht im Mittelalter eine tödliche Gefahr entwickelt hätte. Das Christentum war mit Blick auf die Geschichte vom Sündenfall und Evas lüsterner Verführbarkeit für die Ansicht anfällig, daß das Weib die Wurzel allen Übels sei. Was im 13. Jahrhundert der Theologe und Naturforscher Albertus Magnus in seinem Werk *De secretis mulierum et virorum* an Vor- und Fehlurteilen zusammentrug, diente Jakob Sprenger und Heinrich Institoris, Dominikanern wie Albertus, als Grundlage des 1487 erschienenen „Hexenhammers" *(malleus maleficarum),* der von der Grundannahme ausgeht, daß Frauen von Natur „in der Wollust unersättlich" sind und sich wegen dieser Eigenschaft weit eher als Männer zum Pakt mit dem Teufel bereit finden, der wüsten Sexualverkehr mit den Dämonen in sich schließt. Da nach Ansicht der Verfasser des „Hexenhammers" die Frau die Einfallspforte des Teufels in Gottes schöne Schöpfung ist, danken sie in ihrem Buch ausdrücklich dafür, daß Gott sie als Männer erschaffen habe.
Als Handbuch für den Hexenprozeß trug der „Hexenhammer" viel dazu bei, ungezählte Frauen der Folter zu unterwerfen und sie auf den Scheiterhaufen zu bringen. Daß eine so allgegenwärtige Bedrohung nicht ohne Folgen für das weibliche Denken und Verhalten blieb, liegt auf der Hand: die heute von Feministinnen attackierte jahrhundertelange „Triebunterdrückung" hat gewiß stattgefunden.
Die moderne Verhaltensforschung gibt auf die Frage, welches Geschlecht beim Menschen sexuell aktiver sei, verständlicherweise eine viel differenziertere Antwort als Ovid und stellt zunächst fest, daß der Mensch — im Vergleich zu seinen tierischen Vorfahren und Verwandten — in beiden Geschlechtern höher erregbar sei. Diese Erregbarkeit ist auch nicht auf bestimmte Phasen beschränkt. Im Gegensatz zum Primatenweibchen kann die Menschenfrau einen Orgasmus erreichen, wenn auch nicht so rasch wie der Mann und erst in einem höheren

Durchschnittsalter. Die fast permanente sexuelle Ansprechbarkeit der Frau ist ohne Zweifel eine wesentliche Voraussetzung langfristiger Paarbildung beim Menschen — zum Vorteil der jeweils nächsten Generation. Auch die gegenüber dem Mann deutlich höhere Zahl von Drüsen, deren Sekret als Duftsignal wirkt, zeigt, daß von der Frau stärkere bindende Kräfte ausgehen. Daß der Mensch auf höherer Zivilisationsstufe diese Duftsignale mit Deodorants bekämpft, läßt erkennen, daß sie in individuenreichen Gesellschaften als störend empfunden werden. Vielleicht hat sich die Annahme größerer weiblicher Libido aus einem Mißverständnis derartiger Bindesignale entwickelt.

Literatur:

D. Morris, Der nackte Affe, München/Zürich 1970.
H. Hass, Wir Menschen. Das Geheimnis unseres Verhaltens, München o. J.

T 10: Der Liebesbrief (1, 437-486)

Gliederung:

437-438: Angabe des Themas: Der Liebesbrief als gutes Mittel, um das Terrain zu sondieren.
439-458: Die wichtigsten Merkmale erfolgreicher Werbung:
- 439-440: Schmeicheleien und Bitten.
- 441-442: Vergleich mit Priamos, auf dessen Bitten hin Achill den toten Hektor herausgab.
- 443-454: Erwecken von Hoffnungen durch Versprechungen: Erwartete Vorteile binden fester als gewährte.
- 455-456: Erneute Hervorhebung der Wichtigkeit charmanten Sondierens.
- 457-458: Beispiel einer ungewöhnlichen, aber erfolgreichen Liebesbotschaft: der Apfel des Akontios.
- 459-468: Auf die richtige Wahl der Worte kommt es an —
  - 459-462: rhetorische Fähigkeiten sind nützlich —
  - 463-466: wenn man sich den Redner nicht zu deutlich anmerken laßt.
  - 467-468: Glaubhaftigkeit und Natürlichkeit sind Voraussetzungen des Erfolgs!

469-485: Ratschläge für den Fall anfänglicher Mißerfolge:
- 470: Nur nicht gleich aufgeben!
- 471-478: Die Zeit arbeitet für dich! Sieben Exempla zur Wirkung der Zeit.
- 479-480: Nichts mit Gewalt versuchen!
- 481-482: Alles entwickelt sich schrittweise.
- 483-486: Auch ein ablehnendes Schreiben sollte nicht entmutigen: vermutlich ist das Gegenteil gemeint! Also: Beharrlichkeit führt zum Ziel.

Interpretation:

Komplimente, Bitten und Versprechungen sind das Wichtigste an einem Liebesbrief, der die Voraussetzungen für engere Kontakte schaffen soll. Dabei kommt es sehr darauf an, die richtigen Worte zu finden: Liebeskunst wird zur angewandten Rhetorik, wobei die Kunst darin besteht, größtmögliche Natürlichkeit und Glaubwürdigkeit zu erreichen. Auch wenn der Liebhaber später seiner Angebeteten gegenübersteht, muß er sich hüten, bei seinen Schmeicheleien sich durch eine womöglich gequälte Miene um den Erfolg zu bringen:

Tantum ne pateas verbis simulator in illis
effice nec vultu destrue dicta tuo. (2, 311-312)

Nur wenn der Trick nicht auffällt, wirkt er; wird er durchschaut, hat man ein für allemal seine Glaubwürdigkeit verspielt:

Si latet ars, prodest; adfert deprensa pudorem
atque adimit merito tempus in omne fidem. (2, 313-314)

Die erwünschte Glaubwürdigkeit ist in hohem Maße eine Frage des Stils; man darf sich also nicht im *genus dicendi* vergreifen, nicht mit hohlem Pathos deklamieren wie in der Rhetorenschule, sondern muß sich natürlich und mit üblichen Worten *(consueta verba)* artikulieren, so daß der Eindruck entsteht, man sei sprechend zugegen *(praesens ut videare loqui).*
Auch den Damen empfiehlt Ovid die Wahl von *consueta verba* (T 24; 3, 479) und *publica forma sermonis* (3, 480); bei ihnen scheint er aber mehr vor Sprachschnitzern (*barbara lingua* 3, 482) als vor Phrasen Angst zu haben.
Die Mahnung, im Liebesbrief „normal" zu bleiben, ist zweifellos berechtigt, denn Verliebte neigen dazu, ihre eigene, für Außenstehende oft erheiternd wirkende Ausdrucksweise zu entwickeln, die Erasmus von Rotterdam in seiner *Moria* (17) als *ineptiae* und *nugae* bezeichnet.
Der vollendete Redner (*eloquens:* vgl. *eloquium* in 462) hat jedenfalls nach Ovids Meinung auch in der Liebe Chancen, wenn er seine Fähigkeiten unauffällig einsetzt (*lateant vires nec sis in fronte disertus* 463) und planvoll-berechnend vorgeht. Wer, ohne je etwas zu geben, überzeugend die Hoffnung auf irgendwann zu erwartende Geschenke nähren kann, ist sogar dem, der etwas gab, überlegen; es liegt eben im Wesen des Menschen, sich von Hoffnungen und Erwartungen führen und verführen zu lassen:

... die Hoffnung führt ihn ins Leben ein,
sie begleitet den fröhlichen Knaben;
dem Jüngling lächelt ihr Zauberschein,
sie wird mit dem Greis nicht begraben,
denn beschließt er im Grabe den müden Lauf,
noch am Grabe pflanzt er die Hoffnung auf.
(Friedrich v. Schiller, Die Hoffnung)

Daß die Hoffnung eine trügerische Gottheit sei, sagt schon Hesiod („Theogonie" 637 f.); Semonides (*frg.* 1, 6 f.) und Aischylos („Prometheus" 250) betonen ebenfalls diesen negativen Aspekt.
Einen Herzensbrecher wie Ovid, der trotz der Warnungen der besorgten Mutter bei einem Mädchen allein mit schönen Worten Erfolg hat, stellt Lukian in seinen Hetärengesprächen dar:

Mutter: ... noch keinen einzigen Obolos hat er dir bisher geschenkt, der Gauner, keine Kleider, keine Schuhe, kein Parfüm; dafür ist er mit

Ausreden, Versprechungen und Hoffnungen freigiebig. Ewig versichert er: „Wenn erst mein Vater ... wenn ich die Erbschaft gemacht habe ... dann bekommst du natürlich alles." Du glaubst das natürlich und nimmst sogar seinen Schwur ernst, dich zu heiraten!

Musarion: Er hat es aber geschworen ...

Mutter: Und du in deiner Dummheit nimmst's ihm ab und hast ihm letzthin sogar deinen Ring gegeben, als er wieder mal kein Geld hatte ...

Im Vertrauen auf die Wirksamkeit seiner Versprechungen und geweckten Hoffnungen darf der Verliebte nach Ovid nur eines nicht: selbst die Hoffnung aufgeben. Wie wichtig dem Dichter in diesem Zusammenhang der Zeitfaktor ist, verdeutlichen die sieben Vergleiche, die nach Inhalt und Aufbau eine deutliche Steigerung erkennen lassen:

(a) Gewöhnungseffekt:
Jungstiere lernen pflügen,
Pferde dulden den Zügel.

(b) Abnützungseffekt:
Ein eiserner Ring,
eine Pflugschar nützen sich ab.

(c) Das scheinbar Weiche bezwingt mit der Zeit das scheinbar Feste:
Beweis aus der Natur:
Steter Tropfen höhlt den Stein.
Gedankenexperiment:
Selbst Penelope (die ihrem Odysseus zwanzig Jahre die Treue hielt) könnte man bei entsprechender Beharrlichkeit erobern.
Beweis aus der Mythologie:
Selbst Troja fiel — wenn auch spät.

Die für Ovids Rezepte so wichtige Erfolgsgewißheit darf auch durch Rückschläge nicht erschüttert werden; es ist daher klug, stets das ferne Ziel vor Augen zu haben, und auch das im Augenblick Unerfreuliche, z. B. die barsche Antwort „Laß mich endlich in Ruhe!" entsprechend zu interpretieren: Sie meint es ja anders, sie deutet mir an: Weiter so!
Der einprägsame Parallelismus von

quod rogat illa, timet,
quod non rogat, optat

stellt einen deutlichen Widerspruch zum paradoxen Inhalt der Stelle dar und wirkt gerade wegen dieser inneren Spannung ebenso stimulierend wie die doppelte Aufforderung, nicht nachzugeben: *ut instes (optat)/insequere!* Siegesgewiß endet die Passage mit einem Indikativ Futur.

T 11: Gepflegtes Aussehen (1, 505-524)

Gliederung:

505-508: Warnung vor „unmännlicher“ Körperpflege:
- 505: Kein Lockenhaar mit der Brennschere!
- 506: Kein Rasieren der Körperbehaarung!
- 507-508: Das sollte man den verschnittenen Kybele-Priestern überlassen.

509-512: Einem Mann steht ein gewisser Verzicht auf Äußerliches. Beleg dafür: drei mythologische Exempla (Theseus, Hippolyt und Adonis als „Naturburschen“).

513-522: Worauf ein Mann achten sollte:
- 513-514: Sauberkeit, gesunde Bräune, korrekte Kleidung.
- 515-516: Mundpflege und ordentliches Schuhwerk.
- 517-518: Gepflegte Haar- und Barttracht.
- 519-520: Saubere Fingernägel, keine Nasenhaare.
- 521-522: Kein Mund- und Körpergeruch.

523-524: Was darüber hinausgeht, ist unmännlich.

Interpretation:

Das Bild, das Ovid von einem gepflegten Mann entwirft, wird in auffälliger Weise von Aussagen darüber bestimmt, wie er nicht sein sollte: Der oft gebrauchte Konnektor *nec* verbindet die verschiedenen Warnungen miteinander; in den mythologischen Exempla gibt er an, wie Hippolyt nicht war. Dem entspricht im vorangehenden Distichon über Theseus *(a) nulla (acu).*
Für Theseus, Hippolyt und Adonis als „Idealfiguren“ dürfte sich Ovid aus verschiedenen Gründen entschieden haben:
(a) Alle drei waren in der angedeuteten Situation noch jung.
(b) Sie führten ein ungebundenes Leben als Jäger oder Streiter für das Gute.
(c) Ihr Äußeres, das nicht in werbender Absicht hergerichtet war, gewann ihnen die Zuneigung der genannten Frauen: In Theseus verliebte sich Ariadne, in Hippolyt seine Stiefmutter Phaedra, in Adonis die Göttin Kybele.

Natürlich darf man sich die Haartracht des Theseus nicht verfilzt und verwildert vorstellen; das widerspräche den Leitvorstellungen des Dichters, in denen sich Schlichtheit und Sauberkeit verbinden. Hier besteht eine enge Übereinstimmung mit Cicero (B 1), besonders in Z. 513 f.:

Munditiae placeant, fuscentur corpora campo;
sit bene conveniens et sine labe toga.

Die von Cicero knapp, aber deutlich angesprochenen Bereiche *munditia* und *vestis* entfalten sich bei Ovid zu einer Reihe von im Grunde selbstverständlichen Details, die auf den ersten Blick etwas systemlos angeführt zu sein scheinen. Sieht man allerdings genauer hin, dann zeigt sich, daß Ovid auf den Gesamteindruck die Details durchaus überlegt folgen läßt: Zunächst lenkt er den Blick des Beurteilers auf den Mund des Betrachteten, von dem Apuleius in seiner „Apologie“ (11) sagt: *hominis nihil prius tacentis, nihil saepius loquentis contemplere.* Dann gleitet der Blick am Körper des Betrachteten hinunter und verweilt prüfend beim Schuhwerk, kehrt nochmals zum Gesicht zurück und würdigt

Haar und Bart, bevor er sich den Fingernägeln zuwendet. „Die Fingernägel sind Ihre Visitenkarte", stellt ein moderner Ratgeber fest[5], denn „gepflegte Fingernägel sagen viel über die Persönlichkeit eines Menschen aus". Nach einem Blick aus größerer Nähe — nur so sind Haare in den Nasenlöchern wahrzunehmen — wird die Prüfung mit dem Geruchssinn beendet, wobei wieder der Mund an erster Stelle genannt ist.

Das Gesamturteil würde Ovid allerdings nicht wie Cicero in dem Wort *dignitas* zusammenfassen; für ihn ist, wie die einleitenden mythologischen Exempla zeigen, eine gewisse Nonchalance im Äußeren wichtig, die zugleich Naturhaftigkeit, Männlichkeit und Jungendlichkeit ausstrahlt. In der Bildsprache moderner Reklame dürfte jener junge Mann dieser Idealvorstellung am nächsten kommen, dem kein Weg zu weit ist, um an ein bestimmtes Produkt heranzukommen. Natürlich zeichnet ihn gesunde Bräune aus — schließlich führen seine weiten Wege durch Wüsten und über Urwaldströme —, sein trotzdem sauberes, halb offenes Hemd läßt eine dichtbehaarte Männerbrust sehen, er trägt einen Bart, aber keinen verwilderten, und wenn er lächelt, zeigt er zwei Reihen strahlend weißer Zähne. Der Gedanke, daß ihm bei all seinen Strapazen der Schweiß den Rücken hinabgelaufen sei und er nun einen etwas strengen Geruch verströme, ist selbstverständlich unstatthaft.

Ovid würde sich vielleicht noch erkundigen, ob seine malerisch wirre Lockenpracht das Werk der Brennschere sei — doch heute ist es nicht mehr „unmännlich", sich solchen Schmuck beim Friseur zu besorgen. Das Rasieren der Körperhaare ist aber immer noch verpönt und könnte, wie im letzten Vers des Ovidtextes, als Indiz für homosexuelle Neigungen gedeutet werden.

T 12: Rollenspiel (1, 707-722)

Gliederung:

707-708: Es zeugt von Einbildung, auf die Werbung des Mädchens zu warten.

709-710: Der Mann tut den ersten Schritt, das Mädchen läßt sich bitten.

711-712: Bitten sind die Voraussetzung des Erfolgs.

713-714: Mythologisches Beispiel: Selbst Jupiter nahte sich bittend sterblichen Frauen: keine hat bei ihm die Initiative ergriffen.

715-722: Empfehlungen für den Fall anfänglicher Mißerfolge:
- 715-716: Ziehe dich bei hochmütiger Abweisung lieber zurück!
- 717-718: Oft reizt das, was sich zu entziehen scheint; verringere jedenfalls mögliche Antipathien durch behutsameres Vorgehen!
- 719-722: Zeige nicht gleich deine wahren Absichten — oft führt der Weg zur Liebe über das Angebot der Freundschaft!

---

5 L. Aureden, Schön sein — schön bleiben, Gütersloh 1955, S. 303.

Interpretation:

Nur Männer, die sich für „schön" halten, wollen von Frauen umworben sein; diese Feststellung Ovids erinnert an den *Miles gloriosus* des Plautus (vgl. 27 B 1), der sich in seiner törichten Selbstüberschätzung für unwiderstehlich hält. Wer klug ist, spielt das alte, natürliche Spiel, das auch in der Tierwelt weitgehend so abläuft, daß das Männchen das Weibchen umwirbt: *vir prius accedat - verba rogantia dicat - blandas preces - roga (illa cupit rogari) - supplex - preces.* Die Häufung von Wörtern des Bittens, insbesondere die dreifache Wiederholung von *rogare,* betonen die Wichtigkeit dieses Elements der Werbung; Drängen *(instare)* kann als aufdringlich empfunden werden.

Vom Mädchen verlangt das Rollespiel, sich die Werbung freundlich anzuhören *(preces comiter excipiat);* freilich kommt es oft genug vor, daß ein Liebhaber hochmütig abgewiesen wird oder daß eine schüchterne junge Dame vor zu deutlich gezeigten Wünschen zurückschreckt. Für diese Fälle zeigt Ovid drei jeweils angemessene Strategien: (a) den Abbruch der Werbung — in der Hoffnung, gerade dadurch interessant und begehrenswert zu erscheinen; (b) Reduzieren der Intensität — was zugleich die Intensität der Ablehnung verringert; (c) den Umweg über die „Freundschaft".

T 13: Zwischenbilanz (2, 1-20)

Gliederung:

1- 4: Jubel über den Sieg: Die Beute ist im Netz — Dank an den Dichter.

5- 8: Vergleich der Situation mit zwei mythologischen Situationen: Paris auf der Fahrt nach Troja — Pelops führt Hippodameia heim, nachdem er ihren Vater durch eine List beim Wagenrennen besiegt hat.

9-10: Direkte Wendung des Dichters an den Siegesfrohen: Es ist noch weit bis zum Ziel!

11-14: Es genügt nicht, zu erobern: Erhalten ist die eigentliche Kunst! Auch sie lehrt Ovid.

15-16: Feierliche Anrufung Amors, der Venus und der Muse Erato.

17-20: Bildhafte Darstellung des Vorhabens und seiner Schwierigkeiten: Schwer ist es, den flatterhaften Amor zu halten.

Interpretation:

Ähnlich wie an der Nahtstelle zwischen *invenire* und *capere* (T 8) betont Ovid die erhöhte Schwierigkeit, die beim nächsten Schritt, nun also beim *tenere,* zu erwarten ist: Während in der Anfangsphase der Zufall mitspielte, hängt der Erfolg beim Sichern des Gewonnenen ganz allein von der *ars* ab. Amor, der geflügelt die ganze Welt durcheilt, bleibt nicht gern an einer Stelle:

„Ja, die Liebe hat bunte Flügel, so einen Vogel zähmt man schwer" — so beginnt eine Arie in Bizets Oper „Carmen", die vielleicht ein später Nachklang dieses Bildes ist. An *vasto pervagus orbe* erinnert „Die Liebe vom Zigeuner stammt...". Blickt man vom bildhaften Schluß der Passage zurück, entdeckt man leicht

weitere Hinweise auf die Schwierigkeit des *tenere*, die den Kontrast bilden zu der sich im *Io Paean* äußernden Freude über den geglückten Fang: Der Raub der Helena durch Paris war ein schneller Handstreich, doch die zehn Jahre, die sie in Troja blieb, waren mit Krieg und Leiden ausgefüllt.
Hippodameia aber wird ihre Söhne Atreus und Thyestes dazu anstiften, Pelops' geliebten ersten Sohn Chrysippos zu ermorden, und dann vor dem Zorn ihres Gatten fliehen.
Der Ovidtext beschränkt sich freilich auf die Momentaufnahme, auf die Siegesfreude, doch bei Paris fällt auch dem Unkundigen das Weiterdenken nicht schwer, und die Pelopsgeschichte ist für den mythologisch interessierten antiken Leser nicht zu abgelegen; zumindest stellt sich als düstere Assoziation die Erinnerung an die Atridengreuel ein.
Noch drohende Gefahren suggeriert auch die dramatische Frage *Quid properas, iuvenis,* die zuerst Pelops zu gelten scheint, in Wirklichkeit aber — das Folgende zeigt es — dem Leser gestellt ist, dazu der Hinweis *mediis tua pinus in undis:* Wer sich mitten auf hoher See befindet, ist vielfältigen Risiken ausgesetzt.
Indem Ovid in diesem Proömium das bisher Behandelte als leicht gegenüber dem noch Bevorstehenden bezeichnet und — im Gegensatz zur spöttischen Ablehnung von Inspiration im Proömium zum 1. Buch — Venus, Erato und sogar Amor (als dessen Erzieher er sich in *a. a.* 1,1 gab) um Hilfe bittet, indem er *magna* ankündigt und das *tenere* als *virtus* bezeichnet, erhöht er die Spannung auf das Künftige, das in der Tat die größere Kunst ist.
Es ist nicht unwahrscheinlich, daß Ovids mit Ironie verbundene, pathetische Selbstüberhöhung das Ziel verfolgt, den Leser vor einer möglicherweise folgenschweren Fehleinschätzung zu bewahren: Wer das Erobern einer Partnerin gegenüber dem Erhalten überbewertet, wer im Vollgefühl seine „Sieges" in seinen Bemühungen nachläßt und statt des aufmerksamen Kavaliers nun den sicheren Besitzer herauskehrt, wird die eben geknüpfte Bindung rasch zerstören. Triviale Liebesromane pflegen mit der Hochzeit des verliebten Paares zu enden; die Folgezeit, in der die Bindung sich unter den Widrigkeiten des Ehealltags zu bewähren hat, verhüllen sie mit einem rosigen Schleier. Ovid aber sieht die Dinge realistisch; sein Werk ist auch alles andere als trivial.

T 14: Reiz geistiger Gaben (2, 111-126)

Gliederung:

111-112: Empfehlung, körperliche durch geistige Vorzüge zu ergänzen.

113-118: Begründung: Schönheit vergeht:
- 113-114: Paradoxon: Mit wachsendem Alter nimmt sie ab.
- 115-116: Exempla aus der Natur (Veilchen, Lilie, Rose).
- 117-118: Direkte Wendung an den Leser: Auch du wirst alt!

119-126: Erneute Empfehlung der Pflege des Geistigen; Hinweis auf dessen Beständigkeit; Beispiele für geistige Tätigkeiten (*ingenuae artes, duae linguae* = Griechisch/Latein).
- 123-126: Mythologisches Exemplum eines *vir facundus:* Odysseus.

Interpretation:

Die vielbehandelte Problematik, ob der Mensch mehr Wert auf die Ausbildung seines Körpers oder seines Geistes legen solle (vgl. z. B. Sallust, *Cat.* 1), gestaltet Ovid in einer seinem Thema angemessenen und überzeugenden Weise — und zweifellos auch mit einem Schuß Frivolität, die einen Moralisten wie Seneca empören müßte: Die Geistesbildung dient hier nicht eigentlich einem höheren Zweck, sie bringt den Menschen nicht der Gottheit näher — nein, die *ingenuae artes* und die *duae linguae* eignet man sich nur zu dem Zweck an, bei der Damenwelt auch dann noch Erfolg zu haben, wenn mit dem Äußeren nicht mehr viel Staat zu machen ist.

> Grau sind schon meine Schläfen und weiß der Kopf;
> vorbei ist die liebliche Jugend, lückenhaft die Zähne;
> vom süßen Leben bleibt mir nicht mehr viel Zeit ...

So klagt Anakreon (*frg.* 32) und findet sich damit ab, daß die Mädchen ihn wegen seines grauen Haars links liegen lassen (*frg.* 9) — Ovid aber schlüpft gewandt in die Rolle des erfahrenen älteren Herrn (Männer müssen sowieso nicht unbedingt schön sein) und bleibt obenauf. Die schon in T 10 betonte Wichtigkeit der Beredsamkeit wird von der Antithese *formosus – facundus* unterstrichen. Raffinierte Rhetorik beherrscht auch die dem Inhalt nach topischen Verse, in denen der Ratschlag begründet wird. Das paradoxe Spiel mit *ad annos accedit/ minor fit* und *spatium/ carpi* mag Assoziationen an das Schicksal des mit zunehmendem Alter immer mehr einschrumpfenden Tithonos wecken, die Vergänglichkeit der Blumen erinnert an Herbst und Winter (des Lebens!). Die beiden Verse sind als Trikolon mit Klimax, Variatio und abbildendem Hyperbaton angelegt (Z. 117: *spina relicta* bleibt übrig, wenn man *amissa ... rosa* wörtlich nimmt, also die Rose abfallen läßt: nun starren nackt die Dornen).

Die Wirkung solcher Bilder der Vergänglichkeit wird erhöht durch die direkte Wendung an den Leser: So ergeht es auch dir! Einprägsam durch die Wiederholung von *iam venient* werden graue Haare und Runzeln beschworen, die in der Topik der erotischen Literatur besonders häufig angedroht werden, wenn einer spröden Geliebten eine positive Entscheidung abgerungen werden soll.

Ovid bedient sich des Topos anders, er verwendet ihn auch nicht dazu, um zum Lebensgenuß aufzufordern („Freut euch des Lebens / solange das Lämpchen noch glüht; pflücket die Rose, eh' sie verblüht" von J. M. Usteri, 1763-1827), sondern untermauert damit — gewiß überraschend — seine Bildungsempfehlung.

Der Hinfälligkeit des Physischen (vgl. Seneca, *de cons.* 11,3: *Quid est homo? Quolibet quassu vas et quolibet fragile iactatu... Quid est homo? Imbecillum corpus et fragile...)*, des *bonum fragile, quod minor fit et spatio carpitur,* stellt er den Geist als dauerhaft gegenüber *(durat/permanet).* Doch denkt er dabei kaum an Metaphysisches: mit dem Tod *(ad extremos rogos)* ist auch für den Geist das Ende gekommen — so lehrte Epikur (vgl. Lukrez, *rer. nat.* 3, 161 ff.). Um die Sonderstellung dieser Ovid-Passage innerhalb einer sonst in völlig andere Richtung zielenden antiken Tradition der Leib-Geist-Problematik würdigen zu können, sollte man sich an Xenophanes erinnern. Er lehnt die Überbewertung körperlicher Fähigkeiten bei den Griechen ab und stellt Wissen über die Kraft von Männern und Pferden (*frg.* 2). Erinnern sollte man sich an Platon, für den der Geist aus der Sphäre des Unvergänglichen kommt und zur Herrschaft über den Körper bestimmt ist („Phaidros" 245 ff.), an die teilweise vergleichbaren Auffassungen der Stoa, denen z. B. Cicero in seinem berühmten *Somnium Scipionis* (*rep.* 6, 13 ff.) folgt, und an Seneca, *ep. mor.* 15 und 80, wo übermäßiges Bemühen um den Körper bei gleichzeitiger Vernachlässigung des Geistigen mit anschaulichen Exempla aus Arena und Sportplatz kritisiert wird. In *ep. mor.* 80,3 nennt er die Ziele, die geistiges Training verfolgt: Festigkeit gegenüber den Schlägen des Schicksals *(ut fortunae ictus invictus excipiat), virtus, libertas.* Daß Ovid solche „höheren" Ziele nicht ausdrücklich nennt, mag die Kritik eines Moralisten herausfordern; man sollte allerdings bedenken, daß die von Ovid intendierte langfristige Partnerbindung, die über die Phase rein körperlicher Attraktivität weit hinausgeht, auch nichts Geringes, ja etwas für das menschliche Zusammenleben sehr Wichtiges ist.

Literatur:

B. Snell, Die Entdeckung des Geistes, Göttingen [5]1980.

T 15: Aktive Liebesbeweise (2, 173-202; 209-250)

Gliederung:

Die Grobgliederung der Passage ist durch die drei Zwischenüberschriften vorgegeben; die so abgetrennten Abschnitte erweisen sich als Aufzählungen mit unterschiedlichen Schwerpunkten:

(a) Anpassung ...
   173-174: Der Dichter als warnendes Beispiel.
   175-176: Krieg mit dem Feind, Friede mit der Freundin.
   177-178: *perfer et obdura!*
   179-184: Exempla aus der Natur: Gewaltsamkeit schadet nur.
   185-196: Exemplum aus dem Mythos: Atalante.
   197: *cedendo victor abibis.*
   198: Spiele die Rolle, die die Freundin von dir erwartet!
   199-202: Aufzählung von Beispielen.

(b) Kavaliersdienste
   Aufzählung möglicher Gefälligkeiten; Warnung, einzelne davon als unpassend abzulehnen; Exemplum aus dem Mythos: Herkules.

(c) Einsatzbereitschaft
   223-238: „Passive" Einsatzbereitschaft:
      223-230: Aufzählung von Beispielen, was das Mädchen vom Liebhaber verlangen könnte; nachdrückliche Mahnung zum (sklavischen!) Gehorsam.
      231-232: Widrige Umstände sind kein Entschuldigungsgrund.
      233-234: Liebe ist Kriegsdienst.
      235-238: Beispiele von „Strapazen".
      239-242: Exemplum aus dem Mythos: Apollo bei Admet.
   243-250: „Aktive" Einsatzbereitschaft:
      243-246: Schwierigkeiten sind dazu da, überwunden zu werden.
      247-248: Mut als Liebesbeweis.
      249-250: Mythologisches Beispiel: Hero und Leander.

Interpretation

Jede Rolle, so verlangt Ovid, soll der Liebhaber zu spielen bereit sein, wenn seine *domina* es von ihm verlangt: weinen, wenn sie weint, lachen, wenn sie lacht ...

Ein später Nachfahr des *miles gloriosus,* der Festungskommandant Ollendorff in Millöckers Operette „Der Bettelstudent", wehrt sich ergrimmt gegen diese Rolle, die ihm, dem Haudegen, nicht liegt:

> Und da soll man noch galant sein gegen schöneres Geschlecht,
> katzenbuckeln und charmant sein, spielen den ergeb'nen Knecht ...

Für Ovid allerdings scheint kein Widerspruch zu bestehen zwischen der Rolle des *servus* (in 211 und 215 angedeutet: *nec dubita/ nec tibi turpe puta;* in 228 expressis verbis: *pro servo*) und des *miles;* Gehorsam, Disziplin, bedingungsloser Einsatz kann von beiden verlangt werden. Allerdings dominiert im Umfeld des *servus,* von dem eher „passiver" Einsatz verlangt wird, das Befolgen von Befehlen: Die Wiederholung *iussus – iussa* gibt den Grundton an (223), der durch intensive Befehle *(fac venias)* und durch Aufforderungen zu höchstem Tempo (*omnia differ, curre* 225; *nec ... tardet* 231) beibehalten wird. Ein besonderes Maß an Selbstüberwindung wird verlangt, wenn der junge Mann als Sklave sogar

dann erscheinen soll, wenn das Mädchen spät in der Nacht von einer Einladung — an der es offensichtlich ohne ihn teilnahm — nach Hause kommt; hier mag schon der Gedanke von 2, 539 präludiert sein: *rivalem patienter habe.* Natürlich sei diese Kunst schwer, aber — so Ovid in fast wörtlicher Anlehnung an Hesiod (*Erga* 290) — steil ist der Weg zu jeglicher *virtus* (2, 537 f.).
Wenn Erich Fromm betont, daß man in keiner Kunst, auch in der Kunst der Liebe nicht, auf Disziplin und Geduld verzichten könne, so ist das eine Aussage, der gewiß nicht widersprochen werden kann. Wenn aber Ovid dem Liebhaber, der seinem Mädchen zuliebe nächtliche Eilmärsche unternimmt, sich über steile Dächer zu ihr vorarbeitet und zu hochgelegenen Fenstern hinaufklettert, militärische Tugenden attestiert, so ist das im Blick auf die Wertvorstellungen der römischen Gesellschaft zumindest kühn, wenn nicht provokant.
Aus dem quälenden nächtlichen Warten des Liebhabers vor verschlossener Tür (B 3) macht Ovid Dienst und Pflichterfüllung, die vorwurfsvolle Klage des Paraklausithyron verwandelt sich in ein „Gelobt sei, was hart macht". Wieder sehen wir einen klassischen Topos der erotischen Dichtung von Ovid in geistreicher Weise abgewandelt — und mit einer satirischen Spitze versehen gegen römischen Militarismus.

Literatur:

K. Büchner in: Ovid, Die erotischen Dichtungen. Deutsche Gesamtausgabe, neu übertragen von V. v. Marnitz, mit einer Einführung von K. Büchner, Stuttgart 1958, S. XVII f.

T 16: Anerkennung und Bewunderung (2, 295-306; 311-314)

Gliederung:

295-296: Angabe des Themas: Sei stets ganz hingerissen von deinem Mädchen!
297-306: Beispiele von Anlässen für Bewunderung mit möglichen — vorformulierten — Reaktionen:
- 297-302: Kleidung.
- 303-304: Haartracht.
- 305-306: Tanz und Gesang.

311-314: Warnung vor der Entlarvung als Heuchler.

Interpretation:

Die in T 15 empfohlene völlige Anpassung gilt natürlich auch für den Geschmack (*Quidquid probat illa, probato* 2, 199), über den sich bekanntlich streiten läßt. Dabei genügt es nicht, sich ein mattes „Ja, ganz nett!" abzuringen — das würde gewiß kränken; vielmehr ist schrankenlose Bewunderung (*attonitus* 296) geboten, und zwar im Hinblick auf Figur *(forma),* Kleidung, Frisur und Liebhabereien. Ovid deutet nur mit sehr zarter Ironie an, daß dem Liebhaber manches davon auch mißfallen könnte; statt ihn vor wahrscheinlichem Fehlverhalten zu warnen, bietet er tunlichst gleich die richtige Formel an: Geht die junge Dame gar zu leicht bekleidet, zeige man sich besorgt, sie könne sich erkälten; hat sie mit Singen und Tanzen aufgehört, finde man Worte des Bedauerns, daß sie es schon getan habe. Daß die zu erwartende Normalreaktion Erleichterung sein könnte, läßt sich nur zwischen den Zeilen lesen — aber Ovid weiß natürlich, daß er Verstellung empfiehlt, und warnt davor, sich dabei ertappen zu lassen: „Wer einmal lügt, dem glaubt man nicht, und wenn er auch die Wahrheit spricht."

Voraussetzung für Glaubwürdigkeit ist die Bereitschaft zur Anpassung, auf die eingangs verwiesen wurde; sie führt dazu, daß der junge Mann sein Mädchen wirklich so akzeptiert, wie es ist. Dann können auch seine Komplimente von Herzen kommen und zur angestrebten Dauerhaftigkeit der Bindung beitragen. Ähnlich wie in T 10 werden also nicht eine hohle, äußerliche Rhetorik und künstliche Beherrschung des Mienenspiels empfohlen, sondern eine aus dem Interesse am Partner erwachsende Selbstdisziplin: Die *cura retinendae puellae* (295) hält den Liebhaber von voreiligen Urteilen ab („Heute hast du aber eine merkwürdige Frisur!"), er kontrolliert seine sprachlichen Äußerungen im Hinblick auf ein höheres Ziel; daher kann seine Rhetorik echt wirken, weil das, was sie intendiert, dem Sprechenden tatsächlich am Herzen liegt.

Literatur:

W. Horney, Artikel „Anerkennung", in: Pädagogisches Lexikon, hrsg. von W. Horney, J. P. Ruppert, W. Schultze, Gütersloh 1970, Bd. 1, Sp. 96 f.

H.-J. Glücklich, Redekunst — Lebenskunst (=Consilia, Heft 2), Göttingen 1980, S. 10.

T 17: Schönheitsoperationen (2, 641-662)

Interpretation:

Schon einem Fremden gegenüber wäre es eine grobe Unhöflichkeit, ihm körperliche Mängel vorzuwerfen; mit Recht mahnt der weltkluge Freiherr von Knigge: „Halte Dich über niemandes Gestalt, Wuchs und Bildung auf! Es steht in keines Menschen Gewalt, diese zu ändern. Nichts ist kränkender, niederschlagender und empörender für den Mann, der unglücklicherweise eine etwas auffallende Gesichtsbildung oder Figur hat, als wenn er bemerkt, daß diese der Gegenstand der Verspottung oder Befremdung wird. Leute, die ein wenig mit der großen Welt bekannt sind und unter Menschen von verschiedenstem Äußeren gelebt haben, sollte man daran eigentlich gar nicht mehr erinnern dürfen, aber leider trifft man hier und da, selbst unter vornehmen Personen, besonders unter Damen, solche an, die so wenig Gewalt über sich oder so wenig Begriff von Wohlanständigkeit und Billigkeit haben, daß sie die Eindrücke, welche ein ungewöhnlicher Anblick dieser Art auf sie macht, nicht verbergen können. — Das ist schwach, und wenn man noch dabei überlegt, wie relativ und dem verschie-

denen Geschmacke unterworfen die Begriffe von Schönheit und Häßlichkeit sind ..., so sieht man leicht, daß man sehr selten Recht hat, aus dem äußeren Ansehen eines Menschen für ihn nachteilige Folgerungen zu ziehen ..."
Daß Schönheit durchaus relativ sein kann, ist eine Erkenntnis, die einen Liebhaber nicht nur von unpassenden Bemerkungen über das Aussehen seines Mädchens abhalten wird, sondern ihm auch erlaubt, sich mit eventuellen Mängeln zu arrangieren.
„Weil sie mir schön schien, schien mir Schielen auch Schönheit" — dieser von F. Rückert eingeschlagene Weg ist gewiß der geradeste; Lukrez, dessen Aufzählung (4, 1160-1168, 17 B 1) in grimmiger Ironie die Neigung des Menschen zur Selbsttäuschung anprangern will, und Ovid zeigen einen anderen: Man suche das dem Mangel nächstgelegene Positivum oder — noch besser — eine ausgezeichnete Trägerin der kritikwürdigen Eigenschaft. So macht man die Pechschwarze zum „dunklen Typ", die Finstere zur Minerva und die Schielende zur Venus. Solche Euphemismen sind dann durchaus ambivalent: Sie bestätigen dem Liebhaber die Richtigkeit seiner Wahl und eignen sich als Komplimente für die Geliebte, die sich so gerade um ihrer scheinbaren Schwächen willen geliebt fühlt.

Literatur:

H.-J. Glücklich, Redekunst — Lebenskunst (=Consilia, Heft 2), Göttingen 1980, S. 10.
A. Freiherr von Knigge, Über den Umgang mit Menschen, hrsg. v. K. Goedeke, Hannover [20]1922, S. 61.

T 18: Schlußwort des Ratgebers (2, 733-744)

Interpretation:

Am Schluß des 2. Buchs der *Ars amatoria* gestaltet Ovid nochmals das Bild des von seinen dankbaren Lesern hochgeehrten *vates* (vgl. T 13). Da er sein Ziel erreicht hat, strahlt er höchstes Selbstbewußtsein aus; statt mit zwei (wie in 1, 5-8) vergleicht er sich nun mit sechs Meistern, setzt in wirkungsvollem Kontrast zu den vielen Namen sein *ego* ans Ende von Z. 738 und unterstreicht dessen Wirkung durch *me* ... *mihi* ... *meum* in 739/40. Auch der Umstand, daß bei jenen sechs Großen bald die Kunst *(ars medendi)*, bald ihr Gegenstand *(exta)*, bald ihr Sitz *(pectus)*, bald das ausführende Organ *(dextra)* oder das Mittel *(arma/currus)* genannt wird, während Ovid sich als den *amator* schlechthin bezeichnet, zielt auf eine starke Heraushebung der eigenen Leistung und des eigenen Betätigungsfeldes ab. Würden wir uns den Dichter auf seinem hohen Podest, mit Palme und Myrtenkranz nicht augenzwinkernd vorstellen, dann wäre solches Selbstlob unerträglich. Da aber Ovid seinen einzigartigen Ruhm einem Bereich zu verdanken behauptet, auf dem ein *vir vere Romanus* nicht im Traum nach Ruhm und Ehre streben würde, wird die Ironie und ein bißchen von jenem

Unernst erkennbar, der auch Weltrekorden im Kirschkernweitspucken und Dauerklavierspiel eigen ist.
Die raffinierte formale Gestaltung (gleichmäßiger Wechsel von Eigenname und Patronymikon; Variatio in der Nennung der *artes*, Trikolon mit Klimax in 739 f.) verleiht dem ironischen Unernst einen goldenen — oder vergoldeten? — Rahmen.

T 19: Adressatenwechsel (3, 1-80)

Interpretation:
Seinem Satz *Militiae species amor est* (2, 233) gewinnt Ovid im Wechsel der verschiedenen Situationen ganz unterschiedliche Aspekte ab: Bald herrscht der Gedanke an den harten Dienst vor, den der Geliebte für sein Mädchen auf sich nimmt (wie in T 15), bald die Vorstellung von einem Krieg der Geschlechter, in dem nahezu jedes Mittel erlaubt ist (vgl. 1, 643: *ludite ... solas impune puellas;* 645: *fallite fallentes*).
Im Proömium des 3. Buches rechtfertigt Ovid sein Vorhaben, nun auch die Mädchen für diesen Kampf mit Waffen auszurüsten, mit dem Gebot der Fairness: *Non erat armatis aequum concurrere nudas* (5). Dem möglichen Vorwurf, er mache an sich gefährliche Gegner noch gefährlicher, wird dadurch erledigt, daß die weibliche Natur gar nicht kämpferisch sei (*Femina nec flammas nec saevos discutit arcus* 29). Weit häufiger hätten auch Frauen unter der Untreue der Männer zu leiden als umgekehrt. Unter den mythologischen Exempla erscheint auch Aeneas, und für das traurige Ende der Dido und ihrer Leidensgenossinnen hat Ovid rasch eine Erklärung zur Hand: Sie verstanden nichts von der Liebe, weil ihnen die *ars* fehlte (41 f.). Nun sei ihm Venus selbst erschienen, habe ihm befohlen, auch die Mädchen zu unterweisen, und habe ihn durch Blätter und Beeren von ihrem Myrtenzweig mit göttlicher Begeisterung erfüllt. Mit der Ankündigung seiner Belehrung verbindet Ovid die Aufforderung zum Lebens- und Liebesgenuß: Rasch ist man alt ...
Diese Mischung von Motiven, darunter die im Proömium zum 1. Buch ironisch abgelehnte Inspiration und der in T 14 viel origineller verwendete Alters-Topos, ist wohl ein Hinweis auf die Schwierigkeit, das Vorhaben des Dichters einigermaßen einleuchtend zu begründen. Natürlich ist ein Werk, von dem zwei Drittel für Männer und der Rest für Frauen bestimmt sein sollen, ein Unding, zumal wenn es nicht nur um „Neutrales" wie Körperpflege geht, sondern auch um Tricks zum Fang der jeweils andersgeschlechtlichen Beute, die ja nur so lange zuverlässige Wirkung versprechen, wie sie nur einer Seite bekannt sind. Man kann nicht verlangen oder erwarten, daß männliche Leser die Lektüre mit Buch 2 beenden, weibliche erst mit Buch 3 beginnen! Angesichts solcher Aporien wäre die Annahme verfehlt, daß Ovid seiner *Ars amatoria* eine im Grunde unlösbare Aufgabe zugemutet habe. Das 3. Buch wurde vielmehr wohl vor allem deshalb

geschrieben, weil den Dichter der veränderte Blickwinkel reizte, weil er sich in die Psyche des „bisher bekämpften Gegners" versetzen wollte. Der Leserkreis, den er erreichen will, ist genau derselbe wie der von Buch 1 und 2: ein gebildetes, verwöhntes und wohl auch etwas gelangweiltes Großstadtpublikum — Männer wie Frauen —, das seinerseits mit neugierigem Behagen die intellektuellen Kapriolen seines Lieblingsdichters verfolgt.

T 20: Make-up (3, 193-234)

Gliederung:

193-198: Selbstverständliche Körperpflege: Vermeiden von Körpergeruch, Entfernen von Haaren an den Beinen, Zahn- und Mundpflege.

199-204: Kosmetik: Schminke, Nachziehen der Augenbrauen, Schönheitspflästerchen, Lidschatten.

209-234: Ein wichtiger Rat: *ars dissimulata iuvat:*
- 209-210: Toilettenartikel nicht sehen lassen!
- 211-212: Wer sich eine Gesichtsmaske macht, sieht gar nicht hübsch aus!
- 215-218: „Öffentlichkeit" ist fehl am Platz bei den unschönen Vorstufen der Schönheit.
- 225-230: Ein Mann braucht nicht alles zu wissen ...
- 231-234: Der Blick hinter die Kulissen.

Interpretation:

Schon der Umstand, daß auch ein moderner, von einer Frau verfaßter Ratgeber[6] dem von Ovid besonders ausführlich behandelten Problem der Toilettengeheimnisse ein Kapitel widmet, läßt die Empfehlung als wichtig und nicht ganz selbstverständlich erscheinen.
Das Selbstverständliche streift Ovid sowieso nur kurz, hier ist er nicht Ratgeber, sondern zählt nur das Nötigste und Mögliche auf. Die Frage, wie ein bestimmter Gesichtstyp am vorteilhaftesten sein Make-up erhält, die in jedem modernen Schönheitsbuch viele Seiten füllt, wird von Ovid nicht einmal andeutend beantwortet; anscheinend setzt er voraus, daß die Damen schon die richtigen Wege zum Ziel möglichst attraktiven Aussehens kennen. Um so nachdrücklicher warnt er davor, den Liebhaber zusehen zu lassen, solange man sich noch auf diesem Weg befindet — es gibt tatsächlich nichts Un-Erotischeres als eine Frau, die sich aus Hefe eine Gesichtsmaske macht. Mit wenigen, gekonnten Strichen zeichnet Ovid das abschreckende Beispiel: Die weiche Masse rinnt vom Gesicht herab, bis zum Busen — ekelhaft! Dann beobachtet er eine andere beim Zähneputzen; Wilhelm Busch hat dergleichen in der Bildergeschichte „Herr und Frau Knopp" gezeichnet („Ein Mißgriff") — die Zeichnung ist bewußt garstig. Will ein moderner Karikaturist eine Frau darstellen, die sich

6 L. Aureden, Schön sein — schön bleiben, Gütersloh 1955, S. 291 ff.

in der Ehe gehen läßt, so setzt er sie im Schlafrock und mit Lockenwicklern an den Frühstückstisch. Daß eine Frau Toilette macht, ist für Ovid selbstverständlich, und er billigt diese Art von Kunst ausdrücklich — sonst verwiese er wohl nicht auf seine eigene Schrift zur Schönheitspflege (Z. 205 f.). Er befürchtet nur, daß das Selbstverständliche nicht mit der nötigen Diskretion geschieht; daher folgen auf die konstatierenden Indikative *(scitis/ repletis/ nec pudor est)* von Z. 199-204 in Z. 209-216 deutliche Empfehlungen und Warnungen, teils im Konjunktiv der Aufforderung (*deprendat* 209), teils im Potentialis (*offendat* 211; *probem* 216). Die höfliche Formulierung *(probem)* läßt vermuten, daß manche römische Damen bereits nichts mehr dabei fanden, ihre Liebhaber während der Toilette zu empfangen. Durch nachdrückliche Wiederholung und Beispiele aus verschiedenen Erfahrungsbereichen (Bildhauerei, Goldschmiedekunst: 218-224) unterstreicht Ovid, daß erst das Kunstwerk, an das letzte Hand (*summa manus* 226) gelegt wurde, bezaubert, der „Rohbau" (*rude opus* 227) jedoch abstößt. Ob in Z. 227 *(candor in ore)*, wie meist angenommen, auf Z. 199 *(candorem quaerere creta)* zurückgegriffen wird, ist nicht ganz sicher: Das Auftragen von Kreidepuder ist keine der ganz unschönen kosmetischen Tätigkeiten. Vielleicht denkt Ovid an strahlend weiße Zähne und überläßt es dem Leser, auf seine rhetorische Frage die Antwort zu finden, etwa wie Martial (5, 43):

Thais habet nigros, niveos Laecania dentes.
Quae ratio est? Emptos haec habet, illa suos.

— oder gar wie Catull in c. 39.

Der abschließende Vergleich mit den Kulissen im Theater ist wohl nicht besonders galant, stimmt aber zu den Aussagen der Passage, in der deutlich gemacht wird, in welchem Maße weniger Schönes auf oft wenig schöne Weise zu Schönheit gelangen kann.

T 21: Schönheitsfehler (3, 255-280)

Gliederung:

255-256: Schöne und häßliche Mädchen wollen Belehrung von Ovid, und die häßlichen sind, wie überall, in der Mehrheit.

257-258: Eine wirkliche Schönheit hat Kunst nicht nötig.

259-260: Exemplum: Nautische Fähigkeiten zeigen sich erst bei stürmischer See.

261-262: Nur selten ist ein Gesicht ganz ohne Fehler — suche sie zu verbergen!

263-280: Einzelempfehlungen, den jeweiligen körperlichen Mangel zu verdecken:

- 263-268: Ratschläge für zu Kleine und Schmächtige.
- 269-270: Ratschläge bei zu hellem oder zu dunklem Teint.
- 271-280: Weitere mögliche Fehler (entstellter Fuß, magere Waden, unterentwickelte Brust, unschöne Finger und Nägel, Mundgeruch, schlechte Zähne).

Interpretation:

Ovids Feststellung, die häßlichen Mädchen seien eindeutig in der Mehrheit (wie ja überhaupt das weniger Gute — *deteriora* 256 — häufiger sei als das Gute), ist — selbst wenn sie objektiv richtig sein sollte — in einem angeblich für Frauen bestimmten Ratgeber gewiß ungalant. Herr von Knigge (vgl. Interpretation zu T 17) weist mit Recht darauf hin, daß Begriffe wie schön und häßlich höchst relativ und dem sich ändernden Geschmack unterworfen seien.
Gleichen Trost könnte auch Ovid spenden und — ähnlich wie in T 9 bei den Herren — das Selbstvertrauen der Damen stärken. Die Aussage „Jede Frau kann schön sein“, deren sich die moderne Kosmetik in ihrer Werbung bedient, ist gewiß nicht unaufrichtiger als die Behauptung „Jede kann man haben“, womit in 1, 269 f. die Männer zu Eroberungen ermuntert werden.
Stattdessen spielt Ovid den unerbittlichen Kritiker, vor dessen scharfem Auge kaum ein Gesicht bestehen kann, und statt einer möglichen positiven Formulierung wie „Bring Deinen Typ möglichst gut zur Geltung“ setzt er über seine im einzelnen durchaus sinnvollen Ratschläge die durch ihre konstatierende Kälte eher entmutigende Weisung „Verdecke die Fehler und verbirg auch, soweit es möglich ist, körperliche Mängel“ (261 f.)
Durch diese doppelte Aufforderung zum Verhüllen, die sich später noch fortsetzt (*lateant* - *velamina* - *celetur* u. ä.), kann beim Leser die Neigung zum Enthüllen geweckt werden, so daß er versucht, den Ratgeber anders herum zu lesen.
Hüllen sind sowieso verdächtig, man verspürt das Bedürfnis, sie abzuziehen und hinter die Kulissen zu schauen (vgl. T 20):
Equum empturus solvi iubes stratum, detrahis vestimenta venalibus, ne qua vitia corporis lateant: hominem involutum aestimas? Mangones quidquid est, quod displiceat, id aliquo lenocinio abscondunt; itaque ementibus ornamenta ipsa suspecta sunt: sive crus alligatum sive bracchium aspiceres, nudari iuberes et ipsum tibi corpus ostendi. Vides illum Scythiae Sarmatiaeve regem insigni capitis decorum? Si vis illum aestimare totumque scire, qualis sit, fasciam solve: multum mali sub illa latet.

(Wenn du ein Pferd kaufen willst, läßt du ihm die Satteldecke abnehmen; du läßt zum Verkauf angebotene Sklaven entkleiden, damit keine körperlichen Mängel verborgen bleiben — einen Menschen beurteilst du dagegen, während er verhüllt ist? Sklavenhändler verdecken alles, was Mißfallen erregen könnte, mit irgendwelchen Tricks. Deshalb sind den Käufern sogar Schmuckstücke verdächtig; sähest du einen Verband an Arm oder Bein, würdest du verlangen, ihn abzunehmen und dir den bloßen Körper zu zeigen. Siehst du jenen skythischen oder sarmatischen König mit seinem auffallend schönen Turban? Wenn du ihn beurteilen und ganz kennenlernen willst, laß ihm den Kopfputz abnehmen. Dahinter verbirgt sich viel Schlimmes.) (Seneca, *ep. mor.* 80, 9)
Wegen der inhaltlichen Nähe berührt sich dieser Text teilweise wörtlich mit Ovids Verhüllungs-Empfehlungen — doch Seneca rät zum Gegenteil. Ist dieser Rat auch zwischen den Zeilen Ovids zu lesen, oder zeigt sich hier wieder Ovids Hochschätzung der Kunst, welche die in der Regel mangelhaften Schöpfungen der Natur (*plura deteriora* 256) erst schön erscheinen läßt? Es ist tatsächlich so, daß Menschen in dem Bestreben, sich natürlich zu geben, rasch die Grenze zum Unschönen und Unerfreulichen erreichen oder überschreiten. In der Antike verhielten sich die Kyniker in dieser Hinsicht besonders provokant. Zu allen Zeiten haben sich Menschen offen zu den Kynikern bekannt oder aber deren Verhalten nachgeeifert, ohne daß es ihnen bewußt war.

T 22: Reiz der Bewegung (3, 297-310)

Gliederung:

299-300: Die Art zu gehen kann anziehend oder abstoßend wirken.
301-302: Ein Beispiel für einen zu aufreizenden Gang.
303-304: Ein Beispiel für einen zu bäurischen Gang.
305-306: Empfohlen wird die goldene Mitte.
307-310: Noch ein Tip: Schulter und Oberarm links zum Teil frei lassen!

Interpretation:

Während Ovid beim Lachen (*a. a.* 3, 281-290) das richtige und das falsche Verhalten in Antithese bringt, kontrastiert er beim Gehen zunächst die divergierenden Extreme und weist — ohne weitere Beschreibung — einen Mittelweg zwischen beiden.
Das Gegensatzpaar *allicit* - *fugat* in Z. 300 wird durch die mit *haec* - *illa* eingeleiteten Exempla insofern aufgegriffen, als in der zuerst beschriebenen Gehweise zu viel Lockung liegt. Übersetzer, die Z. 305 f. von diesen Exempla gedanklich lösen (*rusticus alter motus* meint u. E. die Umbrerin, *concesso mollior alter* die zuerst beschriebene Stolze), geben die Stelle so wieder, daß aus „falsch — auch falsch" „richtig — falsch" wird:

Diese wieget mit Grazie die Hüften, in fließenden Kleidern
wellig spielet der Wind, würdig bewegt sie den Fuß ...
Maß ist auch hier der springende Punkt, auf welchen es ankommt,
eine Bewegung ist roh und eine andre zu weich.

(Ovid, Die erotischen Dichtungen. Deutsche Gesamtausgabe, neu übertragen von V. v. Marnitz, mit einer Einführung von K. Büchner, Stuttgart 1958, S. 253 f.)

Diese bewegt mit Geschick die Hüften; die wallenden Kleider flattern im
Wind; mit Stolz hebt sie gemessen den Fuß.

(Ovid, Liebeskunst. Lateinisch und deutsch. Nach d. Übers. W. Herzbergs bearb. v. F. Burger, München 1940, S. 77)

Man wird fragen müssen, ob *ars* in diesen Versen etwas unstreitig Positives bezeichnet: Wenn der Betrachter hier sofort die *ars* bemerkt, ist das Verhalten doch im Sinne Ovids falsch — *si latet ars, prodest* (2, 313). Zudem hat der Auftritt etwas Theatralisches an sich, und in *extensos fert superba pedes* häufen sich die Negativa, *superbus, extensus* (es ist wohl an ein die Länge der Beine betonendes Stelzen gedacht) und das bei der Bäuerin mit *fert gradus* teilweise wiederholte *fert pedes.* Diese sicher absichtliche Nähe der verwendeten Begriffe, mit denen beiden Frauen unpassendes Gehen attestiert wird, unterschlägt v. Marnitz völlig; während die Stolze „würdig den Fuß bewegt", heißt es von der Umbrerin „ungeheuren Schritts trampelt sie grätschend einher". Daß solche Fehldeutungen oft aus kleinen Ursachen entstehen, können auch Schüler bei aufmerksamer Betrachtung dieser Übersetzung entdecken: Der wichtige Konnektor *sed* in Z. 305 wurde von v. Marnitz ausgelassen.

T 23: Öffentlichkeitsarbeit (3, 417-432)

Eine Bedeutungsanalyse von *turba* mit Hilfe eines ausführlichen Wörterbuchs legt die Annahme nahe, daß der Begriff eher negativ besetzt ist. *Quid tibi praecipue existimem, quaeris. Turbam* - stellt Seneca (*ep. mor.* 7, 1)fest und begründet: *Utique quo maior est populus, cui miscemur, hoc periculi plus est.* Doch die Gefahr für den einen ist oft die Chance des anderen — so kann Ovid das Gewühl, die Menschenmasse als „nützlich" bezeichnen, nützlich für diejenigen, die da zugreifen und Beute machen wollen. Die „räuberische" Absicht kommt in den Beispielen klar zum Ausdruck, desgleichen die Erhöhung der Chancen durch die Vielzahl *(ad multas - in multas - e multis).* Der Gedanke „Nütze alle sich bietenden Chancen aus!" beherrscht mit dem Kernbegriff *casus* den zweiten Teil der Passage; die aus T 3 vertrauten Bilder von Jagd und Fischfang, die dort das Vorhaben des jungen Mannes veranschaulichen, werden in einem überraschenden Rollentausch auf das Mädchen übertragen, das nun seinerseits die Angel auswirft und die Netze spannt. Aber wird hier wirklich der bisherige Jäger zum Gejagten? Falls Er und Sie gleichermaßen Ovids Belehrung folgen, entsteht die bizarre — und doch so lebensnahe — Situation, daß zwei Jäger aufeinander Jagd machen. Ovid, der an bizarren Situationen offensichtlich Freude hat, beschließt denn auch diesen Abschnitt mit der zunächst befremdlichen Feststellung, beim Begräbnis des Mannes könne man nach einem neuen Ausschau halten: aufgelöstes Haar und Tränen ließen sich als Lockmittel einsetzen. Der bei Seneca (*ep. mor.* 63, B 1) und Petron (*sat.* 110-113; B 2) vorherrschende Gedanke, es mangle dem weiblichen Wesen an *fides* und *constantia*, es sei maßlos *(impotens)* in Trauer und Verlangen, klingt bei Ovid höchstens unterschwellig an; für ihn gehört es zum Wesen einer Frau, daß sie den Männern bei jeder Gelegenheit Fallen stellt *(hamus/ plagae!)*, und deshalb findet er es ganz natürlich, daß sie das auch in extremen Situationen tut. Der zunächst etwas unpassend wirkende mythologische Vergleich paßt somit sehr gut in den Gesamtzusammenhang: Um auf Fang ausgehen, um Netze spannen zu können, muß man beweglich sein; gerade das aber war die an den Felsen geschmiedete Andromeda nicht. Doch obwohl sie gefangen war und sozusagen „zweckfrei" ihre Tränen vergoß, hatte sie damit unverhofften Erfolg.

T 24: Reaktion auf Liebesbriefe (3, 469-498)

Gliederung:

469-472: Wenn man einen Liebesbrief erhält ...
- 470: Vorsicht beim Empfang.
- 471-472: Prüfen der Aufrichtigkeit.

473-498: Die Antwort:
- 473-474: Der rechte Zeitpunkt.
- 475-478: Zwischen Furcht und Hoffnung.
- 479-482: Äußere Form und Stil.
- 483-495: Vorsichtsmaßnahmen:
  - 485: bei der Niederschrift,
  - 486-494: gegen Erpressung,
  - 495-496: bei der Behandlung des Wachstäfelchens,
  - 497-498: in den Formulierungen.

Interpretation:

Vir prior accedat (1, 709) — das gilt auch für die verliebte Korrespondenz, mit deren Hilfe das Terrain sondiert werden soll. *(Cera vadum temptet rasis infusa tabellis* 1, 437 und *Verba vadum temptent abiegnis scripta tabellis* 3, 469 stellen ein leicht variiertes Selbstzitat des Dichters dar, das die Gleichartigkeit von Thema und Ziel unterstreicht.)
Mit der Empfehlung von *imitata amantum verba* (1, 439 f.) und reichlichen Versprechungen (1, 443 f.) an den jungen Mann korrespondiert der Rat an das Mädchen, die Ehrlichkeit der Absichten zu prüfen. Zugleich ist die Stelle ein

schönes Beispiel dafür, wie Ovids Empfehlungen, setzt man sie bei beiden Seiten als bekannt voraus, sich gegenseitig aufheben.
Auch das Spiel mit geschickt genährten Hoffnungen, das in T 10 breit dargestellt ist, wird nun, sozusagen spiegelbildlich, wiederholt. Ein bißchen warten lassen, nicht zu rasch erhören, aber auch nicht zu barsch abweisen, die rechte Mischung zwischen Furcht und Hoffnung finden — das wird in T 26 nochmals aufgegriffen, doch kann 26 B 1 auch jetzt schon teilweise ausgewertet werden.
Die Bemerkungen zum Stil unterscheiden sich insofern, als Ovid bei den Mädchen keine spezielle rhetorische Ausbildung voraussetzen kann; so rät er zu Natürlichkeit und warnt vor Sprachschnitzern. Einen breiten Raum nehmen die Vorsichtsmaßnahmen ein, die ihrerseits nicht ohne Risiko sind: Läßt man eine Magd oder einen Sklaven den Brief schreiben, hat man einen weiteren Mitwisser.
Die Warnung *pignora nec puero credite vestra novo* (486) wird im allgemeinen so verstanden, das Mädchen solle einem neuen Liebhaber kein belastendes Material in die Hand geben. Da aber in der vorangehenden Zeile *puer* „Sklave" bedeutete, ist durchaus zu erwägen, ob hier an einen neu angeschafften Sklaven zu denken ist, der das Vertrauen seiner Herrin enttäuscht. Der Begriff *servitium* (488) könnte dann signalisieren, daß eben diese Herrin zur Sklavin in der Hand des Sklaven wird.
Die Einsicht, daß es schon im alten Rom „belastende Schriftstücke" gab, daß diese in der Hand von Erpressern zur Waffe werden konnten — ein beliebter Gegenstand des modernen Trivialromans mit kriminalistischem Einschlag —, dürfte für Schüler ziemlich überraschend sein.

T 25: Sanftmut und Fröhlichkeit (3, 501-518)

Gliederung:

501-508: Zorn macht häßlich.
- 502: Freundlichkeit ist human, tierisch die Wut.
- 503-504: Wie Wut den Menschen entstellt.
- 505-506: Mythologisches Exemplum: Athene und die Flöte.
- 507-508: Ein Blick in den Spiegel.

509-512: Stolz und Unnahbarkeit machen unsympathisch.

513-516: Das Spiel der Blicke und Gesten.

517-518: Trübsinn stößt ab, Heiterkeit gewinnt.

Interpretation:

Das erwünschte Verhalten, Freundlichkeit und Kontaktbereitschaft, wird hier von möglichen Formen des Fehlverhaltens eingerahmt, wobei Ovid, ähnlich wie Cicero, von unkontrollierten Ausbrüchen leidenschaftlicher Erregung ausgeht. Das Exemplum aus der Mythologie soll dabei nicht erweisen, wie wütend Athene war, als sie die eben erfundene Flöte wegwarf, sondern wie wichtig ihr,

der stets beherrschten Göttin, ihre ebenmäßigen Gesichtszüge waren. Auch die keinesfalls leidenschaftsbedingte Entstellung durch Spitzen des Mundes und Aufblasen der Backen konnte sie daher nicht hinnehmen.
Der Bildhauer Myron hat die Szene, auf die Ovid anspielt, gestaltet; es darf daher angenommen werden, daß sie seinen Lesern ganz plastisch vor Augen stand: Athene hat eben die Flöte weggeworfen, da schleicht sich schon der Satyr Marsyas an, um das Instrument aufzuheben; die Göttin aber verwehrt es ihm mit hoheitsvoller Miene.
Eine — freilich fragmentarische — Kopie dieser Gruppe findet sich in den Vatikanischen Sammlungen (Musei Ex-Lateranensi).
Während Zorn sozusagen dynamisch zurückstößt, sind Stolz und Trübsinn eher passive Formen der Abweisung; unsympathisch (*odimus* 511; *odii* 512; *odimus* 517) machen sie beide. Was der Mann erwartet und was einer sich anbahnenden Liebesbeziehung förderlich ist, steht zwischen diesen Negativa: Es ist das Antworten auf die vom Mann ausgesandten Signale, speziell das Zurücklächeln, eines der wichtigsten „Freundschaftszeichen" des Menschen.
Es ist nicht ohne Ironie, wenn man zur Kenntnis nimmt, daß auch das Lächeln ursprünglich ein ablehnendes Signal war, eine Aggressionsdrohung durch Zeigen der Zähne. Durch einen überraschenden „Funktionswechsel" (K. Lorenz) wurde es zum Aggressionshemmer und trägt wesentlich dazu bei, daß die ihrem Wesen nach gar nicht so freundliche Gattung homo sapiens einigermaßen miteinander auskommt.

Literatur:

H. Hass, Wir Menschen. Das Geheimnis unseres Verhaltens, München o. J., besonders S. 135-149 (Das Freundschaftszeichen).

K. Lorenz, Das sogenannte Böse. Zur Naturgeschichte der Aggression, Wien ^{27}1970, besonders S. 260 ff.

T 26: Führungsqualitäten (3, 577-610)

Gliederung:

577-578: Nichts sei verschwiegen!
579-610: Wie man Männer motiviert.
- 579-582: Der Reiz dosierter Schwierigkeiten — „Intermittierende Belohnung".
- 583-584: Wenn es dem Esel zu wohl wird ...
- 585-586: Der „Lorbeereffekt" in der Ehe.
- 587-588: Draußen vor der Tür:
  - 589-590: (Einschub) Mit eigenen Waffen ...
- 591-596: Hahn im Korb und Rivale — das Konkurrenzmotiv.
- 597-598: Ein Hauch von Gewalt.
- 599-600: Der Reiz des Ungewissen.
- 601-608: Fingierte Gefahren.
- 609-610: Rechtzeitig belohnen!

Interpretation

Was moderne Psychologie — im Gegensatz zur einseitigen Erfolgsüberschätzung im klassischen Behaviorismus — aus langen Versuchsreihen als Erkenntnis ableitete, daß nämlich gelegentliche Mißerfolge und Schwierigkeiten anspornen, hat der Menschenkenner Ovid zum Prinzip dieser Ratschläge gemacht. Dabei wird wiederum Topisches unter verändertem Blickwinkel gesehen: Das Paraklausithyron-Motiv, das in T 15 im Zusammenhang mit *militiae species amor est* anklang, wird nun in das Steuerungsprogramm eingebaut, das Ovid für die Damen entwickelt; auch die *alta fenestra* aus T 15 taucht wieder auf (*admitte fenestra* 605), und wenn man die beiden Stellen nebeneinanderhält, entbehrt ein Motivvergleich nicht der Komik: Der junge Mann klettert durchs Fenster, um seiner Geliebten zu zeigen, daß ihn keine Schwierigkeit zurückhält — seine Leistung dient als Liebesbeweis —, und das Mädchen läßt den jungen Mann durchs Fenster klettern, um seine Leistungsbereitschaft zu erhöhen. Typische Figuren der Komödie wie der eifersüchtige Ehemann, dem trotz aller Umsicht doch Hörner aufgesetzt werden, der humorlose Sklave als Aufpasser, die in das Verhältnis eingeweihte Sklavin, die mit dem Schreckensruf „Wir sind verloren!" ins Zimmer stürzt, dazu der eilig irgendwo versteckte Liebhaber werden zum Personal einer besonderen Art von Komödie, die das Mädchen mit seinem Liebhaber aus motivatorischen Gründen spielt.

Wer als Betrachter dieses Spiel verfolgt, findet es gewiß ebenso erheiternd wie die 3. Szene des 3. Akts aus Shakespeares „The Merry Wives of Windsor": Mistress Ford hat den dicken Ritter zu sich ins Haus gelockt und hört sich scheinbar verzückt seine Liebesbeteuerungen an — da stürzt sein Page Robin ins Zimmer.

Robin: Mistress Ford, Mistress Ford! here's Mistress Page at the door, sweating and blowing and looking wildly, and would needs speak with you presently.

Falstaff: She need not see me; I will ensconce me behind the arras ...

Mrs. Page: O Mistress Ford, what have you done? You're sham'd, y'are overthrown, y'are undone for ever.

Doch während hier Komödie gespielt wird, um den dicken Ritter von seiner Verliebtheit zu kurieren, hat bei Ovid das Spiel genau das Gegenteil zum Ziel. Auch der Nebenbuhler hat in diesem Motivationskonzept seinen Platz; Höchstleistungen lassen sich, wie der Vergleich mit dem Rennpferd erweisen soll, nur in der Konkurrenz mit anderen erreichen. In der Phase der Bindung soll allerdings der Liebhaber sich für den einzig Erwählten halten — sonst könnte das Vorhandensein eines „Revierbesitzers" ihn vielleicht zurückweichen lassen. Wenn die Liebe zu erkalten droht, kann Unrecht, das dem Mann zugefügt wird, die Flammen neu anfachen. Er braucht dabei gar nicht genau den Grund für die Kränkung zu kennen — auch Verunsicherung kann stimulieren.

Die Gefahr, daß das Spiel mit dem Liebhaber zu arg getrieben wird, sieht Ovid natürlich auch; daher mahnt er zum Abschluß, die gelegentliche Belohnung nicht zu vergessen. Auch die Ratten im Tierversuch verlieren die Lust am Tastendrücken, wenn nicht gelegentlich ein Futterkügelchen gerollt kommt.

Literatur:

H. Heckhausen, Hoffnung und Furcht in der Leistungsmotivation, Meisenheim (Glan) 1963.
W. Toman, Motivation, Persönlichkeit, Umwelt, Göttingen 1968.

T 27: Illusionshilfen (3, 667-682)

Gliederung:

667-672: Waffen gegen sich selbst.
- 667-668: Ungeschützt gegen den Feind.
- 669-670: Kein Tier erleichtert seinen Feinden die Verfolgung.
- 671-672: Schwerter für männermordende Frauen.

673-682: Gespielte Liebe.
- 673-674: Männer glauben es nur zu gern, wenn jemand vorgibt, sie zu lieben.
- 675-676: Sorgen, Seufzer, Liebesblicke.
- 677-678: Tränen, Schmerz und scharfe Nägel.
- 679-680: Er glaubt's schon längst —
- 681-682: besonders, wenn er sich für schön hält.

Interpretation:

Liest man T 27 im Anschluß an T 26, so glaubt man zunächst, einen Widerspruch wahrzunehmen: Während dort Verweigern und Erschweren die bestimmenden Empfehlungen waren, rät nun Ovid — und der lange Vorspruch läßt erkennen, daß er diesen Rat für besonders wirksam hält —, dem Liebhaber Verliebtheit vorzuspiegeln.

Allerdings schließen sich die scheinbar divergierenden Ratschläge nicht grundsätzlich gegenseitig aus. Wie die bereits (zu T 26) angeführte Szene aus Shakespeare „The Merry Wives of Windsor" zeigt, lassen sich geheuchelte Verliebtheit und ein überraschend auftauchender Ehemann sogar sehr wirkungsvoll kombinieren.

Im übrigen kommt es sehr auf die spezielle Situation an, welches Mittel die größere Wirkung verspricht: Für einen bis über beide Ohren verliebten Mann sind verliebte Blicke und Seufzer herrliche Bestätigungen, seinem Ziel ganz nahe zu sein, für einen, dessen Zuneigung abkühlt, dagegen nur Zeichen fortdauernder, höchst lästiger Anhänglichkeit.

Fragt man den bis zur Hörigkeit Verliebten, wo er denn so lange gewesen sei, wird er, um jeden Verdacht abzuwehren, aufs heftigste seine Liebe beteuern und ihre Unwandelbarkeit zu beweisen suchen — doch wenn, wie in den *Menaechmi* des Plautus, die Ehefrau solche Fragen stellt, gerät der Befragte in helle Wut:

... nam quotiens foras ire volo, me retines, revocas, rogitas,
quo ego eam, quam rem agam, quid negoti geram,
quid petam, quid feram, quid foris egerim.
Portitorem domum duxi; ita omnem mihi

rem necesse est eloqui, quidquid egi atque ago.
(Plautus, *Menaechmi* 114-118)

Auch der — kalkulierte — Tränenstrom oder Zornesausbruch muß auf den Grad der Verliebtheit dessen Rücksicht nehmen, dem er gilt. Noch ganz in den Fesseln seiner Cynthia, deutet Properz ihre Raserei als Ausdruck höchster Leidenschaft — und empfindet wohl eine gewisse Lust dabei, unter dieser Leidenschaft zu leiden. Im Schlußgedicht des 3. Buchs aber schlägt er andere Töne an, er hat die Tricks — endlich — durchschaut.
Tränen und Seufzer sind die Waffen der Unterlegenen, des „schwächeren Geschlechts" — sie bestätigen dem Mann die Überlegenheit, auf die er auch in der Rolle des dienstfertigen Kavaliers nicht gern verzichtet. Diese Überlegenheit im ganzen oder teilweise in Frage zu stellen, wäre „geschäftsschädigend" (B 3). Hält sich der Mann auch noch für schön (was er nicht unbedingt sein müßte, vgl. T 14), ist das nur zu begrüßen: Er macht sich — wie der *Miles gloriosus* — um so leichter zum Narren.
Berechnung und Verstellung — das zeigt T 27 deutlich — machen das Herz des Mannes weich wie Wachs:

Vorgehen des Mädchens	Reaktionen des Mannes
efficere („bewirken!")	*credere* *fides*
spectare (amabilius) *suspirare / rogare* *accedunt lacrimae* (das Prädikat zeigt das Fehlen echten Gefühls) *dolor fictus*	
laniare (unbegründete Gewalttätigkeit als Höhepunkt)	*persuaderi* *misereri* (Überlegenheit!) *dicere* (= credere) *credere*

Ohne Zweifel ist es närrisch, wenn der, dessen Gesicht zerkratzt wird, Mitleid mit der Wildkatze hat, die ihn anspringt — doch auch beim tätlichen Angriff bleibt das Mädchen eine Vertreterin des „schwachen Geschlechts".
Die Reihe der Ratschläge für das Mädchen ist im übrigen auch formal sehr kunstreich aufgebaut: Das Distichon 673 f. nennt allgemein das Ziel, das erste Trikolon (mit Klimax) umfaßt Blicke, Seufzer, Fragen; das zweite verlangt eine höhere, „aktivere" Form der Verstellung: falsche Tränen, geheuchelten Schmerz, tätlichen Angriff. In diesem Höhepunkt der zweiten Klimax verdient auch noch die abbildende Wortstellung Beachtung:

digitis *illius ora* *suis* –

höchst anschaulich fahren von beiden Seiten die Finger dem Überraschten ins Gesicht.

T 28: Strategien beim Gastmahl (749-768)

Gliederung:

749-750: Du wartest schon sehnsüchtig auf meine Ratschläge für Einladungen —
751-752: also: Laß erstens auf Dich warten; das macht Dich begehrenswerter.
753-754: Je später du kommst, je dunkler es ist, um so weniger fallen Schönheitsmängel auf.
755-760: Iß zurückhaltend und gefällig!
761-764: Sei mäßig beim Trinken!
765-768: Trunkenheit kann für ein Mädchen böse Folgen haben.

Interpretation:

Deutlicher als in den entsprechenden Hinweisen für den jungen Mann (T 7) kehrt Ovid in dieser Passage den Ratgeber heraus: Imperative herrschen vor. Anscheinend sieht er in dem — von ihm angenommenen — heftigen Verlangen der Mädchen, an Gelagen teilzunehmen, bereits eine erhebliche Gefahr: Sie könnte zu früh kommen und damit aufdringlich wirken, sie könnte zu hastig essen und dadurch einen schlechten Eindruck machen, und sie könnte beim Trinken zu unbeherrscht sein. Deutlich spürt man das Vorurteil der *impotentia muliebris* (vgl. Interpretation zu T 9).
Im Gegensatz zum Mädchen wird dem jungen Mann nicht empfohlen, ästhetisch zu essen, vielleicht, weil es dem Mann durchaus erlaubt ist, einen kräftigen Appetit zu zeigen. Gieriges Verschlingen der Nahrung würde allerdings Ovid ebensowenig billigen wie Cicero (*de off.* 1, 126), der darin einen Verstoß gegen die guten Umgangsformen sähe, die er in den Begriffen *formositas, ordo, ornatus* zusammenfaßt.
Hinsichtlich des Trinkens wird in T 7 der Mann eben davor gewarnt, was in 753 f. den Mädchen als Chance empfohlen wird: Er soll sich nicht von schummrigem Licht und Alkohol sein klares Urteil trüben lassen. Wieder einmal tut Ovid so, als nähmen seine Leser nur die — angeblich — für sie bestimmten Teile der *Ars amatoria* zur Kenntnis, was, gerade weil es ganz unwahrscheinlich ist, den spielerischen Charakter des Werks unterstreicht.
Die Warnung an die Mädchen, sich zu betrinken, enthält drei unterschiedlich direkt vorgetragene Aspekte:

1. Eine betrunkene Frau ist ein abstoßender Anblick (vgl. Iuvenalis, *sat.* 6, 300-310). — 2. Im Rausch kann ihr von jedem beliebigen Mann Gewalt angetan werden — und sie verdient es nicht besser. — 3. In ihrer Trunkenheit kann sie einschlafen — und dann ist manches möglich, dessen sie sich später schämen müßte.

Objektiv treffen die Gesichtspunkte (1) und (3) natürlich auch auf den Mann zu, doch entspricht es verbreiteter Konvention, Trunkenheit beim männlichen Geschlecht milder zu beurteilen als beim weiblichen. Deshalb wird wohl in T 7 auch dem Leser nicht in gleicher Weise der Spiegel vorgehalten, um ihm seine Fratze (*sanna:* Iuv., *sat.* 6, 306) zu zeigen — oder soll man im Vergleich mit T 22 (korrektes Gehen) vermuten, Ovid neige dazu, beim weiblichen Geschlecht die abschreckenden Beispiele kräftig zu zeigen?

In Punkt 2 sieht der Dichter gewiß die größte, weil folgenschwerste Gefahr unbedachten Trinkens, darum drückt er sich hier entsprechend deutlich aus, während das sonst sehr realistische Gedicht Kellers (29 B 2) sich an entsprechender Stelle sehr zurückhaltend gibt („da hat sie überlistet der rote Wein ..."). Direktheit ist dem Ratgeber angemessener als einem lyrischen Gedicht.
Bei den *multa pudenda* (768) läßt Ovid der Einbildungskraft der Leser freien Lauf; sie mögen sich an die scheußliche Szene bei Homer (*Od.* 9, 372 ff.) erinnert fühlen, als sich Polyphem schlafend erbricht — auf jeden Fall wird durch die Unbestimmtheit der Formulierung nach der in Punkt 1 und 2 sehr entschiedenen Lenkung der Gedanken noch eine gewisse Steigerung und damit eine hohe Intensität der Warnung erreicht.

T 29: Schlußwort des Ratgebers (3, 809-812)

Die Schlußverse der *Ars amatoria* greifen nochmals die Vorstellung vom Krieg der Geschlechter auf. Die von Ovid instruierten Mädchen werden ebenso wie in 2, 744 die jungen Männer dazu aufgefordert, auf ihre — vielleicht im Tempel der Venus geweihten — Beutestücke den Namen ihres Lehrmeisters zu setzen. So hat denn Ovid, mag man lächelnd feststellen, kluge Vorsorge getroffen: Wer immer meint, er sei in der Liebe erfolgreich gewesen, ob Mann oder Mädchen, wird den Ruhm seines Meisters verkünden.
Und die Unterlegenen? Als Diogenes einmal in einem Tempel die Weihegaben geretteter Schiffbrüchiger sah, meinte er sarkastisch: „Es wären noch erheblich mehr, wenn auch die nicht Geretteten etwas gestiftet hätten." (Diogenes Laertios 6, 59).
Doch da in der Liebe Selbsttäuschung eine so große Rolle spielt (vgl. T 27), ist es ja wohl denkbar, daß auch die Gefangenen sich als erfolgreiche Fallensteller vorkommen — dann können beide Seiten dankbar bekennen: *Naso magister erat.*